____________ 학교 ____ 학년 ____ 반 ____________ 의 책이에요.

신나는 **교과 체험학습** 시리즈 이렇게 활용하세요!

'체험학습'이란 책에서나 수업 시간에 배운 지식을 실제 현장에서 직접 경험해 보는 공부 방법이에요. 단순히 전시된 물건을 관람하거나 공연을 보는 것이 아니라 학습을 하기 전에 미리 필요한 정보를 조사하는 것까지를 포함한 모든 활동을 의미해요. 어떻게 공부할 것인지를 준비하면 그렇지 않은 경우보다 훨씬 더 많은 것을 보고 느끼게 되겠지요. 이 책은 체험학습을 하려는 어린이들에게 좋은 길잡이 역할을 할 거예요.

① 가기 전에 읽어 보세요

이 책은 체험학습 현장을 어린이들이 쉽게 이해할 수 있도록 풀이한 안내서예요. 어린이들이 직접 체험학습 현장을 찾아가는 데 필요한 정보가 들어 있어요. 체험학습 현장을 가기 전에 꼼꼼히 읽어 보세요.

② 현장에서 비교해 보세요

경복궁의 핵심 내용들을 이해할 수 있는 배경 지식을 담아 경복궁을 돌아볼 때 많은 도움이 될 거예요. 뿐만 아니라 현장에 직접 가 보지 않아도 경복궁이 어떤 곳인지 알 수 있도록 생생하게 구성했어요.

❸ 스스로 활동해 보세요

이 시리즈는 단지 지식을 전달하기 위한 교양서가 아니에요. 어린이 여러분이 교과서로 수업 시간에 배운 내용을 실제 현장에서 직접 체험하며 익힐 수 있도록 다양한 활동 내용을 담았지요. 책 중간이나 뒷부분에 이해를 돕기 위한 활동이 있으니 꼭 스스로 정리해 보세요.

❹ 견학 후 활동이 다양해요

체험학습 후에는 반드시 견학 후 여러 가지 활동을 해 보세요. 보고서 쓰기, 신문 만들기, 그림 그리기 등을 통해 체험학습에서 보고 들은 내용을 다시 한번 정리하면 알찬 체험학습이 될 거예요.

신나는 교과 체험학습 ⑫
조선 오백 년의 역사가 살아 숨 쉬는 곳 경복궁

초판 1쇄 발행 | 2006. 2. 5.
개정 3판 10쇄 발행 | 2023. 11. 10.

글 손용해 | **그림** 이종호 심가인

발행처 김영사 | **발행인** 고세규
등록번호 제 406-2003-036호 | **등록일자** 1979. 5. 17.
주소 경기도 파주시 문발로 197(우10881)
전화 마케팅부 031-955-3100 | 편집부 031-955-3113~20 | 팩스 031-955-3111

값은 표지에 있습니다.
ISBN 978-89-349-9667-5 64000
ISBN 978-89-349-8306-4 (세트)

좋은 독자가 좋은 책을 만듭니다. 김영사는 독자 여러분의 의견에 항상 귀 기울이고 있습니다.
전자우편 book@gimmyoung.com | 홈페이지 www.gimmyoungjr.com

※**사진 출처** 최이해, 김원미, 셔터스톡

어린이제품 안전특별법에 의한 표시사항
제품명 도서 **제조년월일** 2023년 11월 10일 **제조사명** 김영사 **주소** 10881 경기도 파주시 문발로 197
전화번호 031-955-3100 **제조국명** 대한민국 ▲**주의** 책 모서리에 찍히거나 책장에 베이지 않게 조심하세요.

조선 오백 년의 역사가 살아 숨 쉬는 곳

경복궁

글 손용해 그림 이종호 심가인

주니어김영사

차례

경복궁에 가기 전에!

미리 준비하세요

1. 준비물 사진기, 필기도구, 《경복궁》 책, 온도계, 마실 물

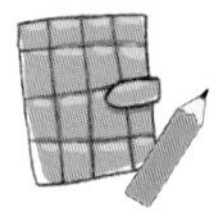

2. 옷차림 견학을 갈 때에는 가볍고 편한 옷차림을 하는 게 좋아요. 지나치게 거추장스러운 옷차림이나 무거운 가방은 견학에 방해가 되거든요. 그리고 경복궁은 야외에 있으므로 날씨에 맞춰 잘 챙겨 입고 가는 게 좋겠지요?

미리 알아 두세요

관람일 매주 월, 수~일요일 (화요일은 휴궁)
다른 유적지나 박물관과는 달리 경복궁은 화요일에 쉰답니다.

관람 시간

관람 기간	관람 시간	입장 시간
3월~5월	09:00~18:00	09:00~17:00
6월~8월	09:00~18:30	09:00~17:30
9월~10월	09:00~18:00	09:00~17:00
11월~2월	09:00~17:00	09:00~16:00

※ 경회루 특별 관람 : 4~10월 10:00, 11:00(주말), 14:00, 16:00

관람료 만 24세 이하, 만 65세 이상 무료 | 만 25세~만 64세 3,000원
문의 전화 02-3700-3900
주소 서울특별시 종로구 사직로 161
지하철 3호선 경복궁역(5번 출구), 5호선 광화문역(2번 출구)
버스 경복궁, 광화문을 경유하는 버스를 이용하세요.

* 관람 시간 및 관람료는 변경될 수 있으니 경복궁 홈페이지에서 다시 한 번 확인하세요.

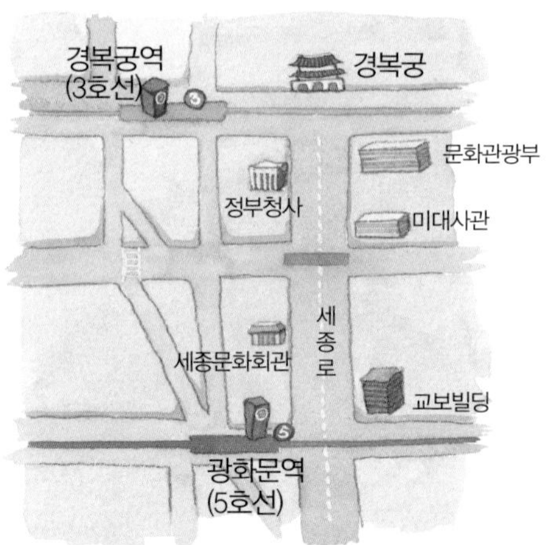

경복궁은요…….

오늘 여러분이 가는 곳은 어디일까요? 네, 바로 경복궁이에요. 경복궁은 현재 남아 있는 조선 시대 5개의 궁궐 중에서 가장 으뜸이 되는 궁이랍니다. 조선이 건국되면서 함께 세워졌지요. 그 후 500년 조선의 역사와 함께해 온 경복궁은 우리 문화유산을 대표하는 유적지 중 하나예요.

경복궁을 돌아보는 일은 이제 막 역사를 공부하기 시작한 여러분이 흥미롭고 재미있게 역사와 친해지도록 도와줄 거예요. 경복궁에는 딱딱한 내용의 역사보다 흥미로운 궁궐의 이야기와 신비로운 상상의 동물들이 가득하거든요. 자, 이제 경복궁으로 들어가 볼까요?

경복궁에서는 이렇게 해 주세요.

1. 경복궁은 유원지가 아니에요. 그래서 궁 안에서 놀이를 하거나 식사를 할 수 없답니다.
2. 경복궁의 건물에 낙서를 하거나 문창호지에 구멍을 뚫는 일은 문화유산을 훼손하는 일이니 하면 안 되겠죠?
3. 개방된 건물이 아니라면 건물 내부에 올라가거나 걸터앉는 일은 없어야겠지요?
4. 개방된 건물은 올라서서 둘러보기만 할 뿐 유물을 만지는 일은 하지 않도록 해야겠지요?
5. 애완동물, 운동 기구, 놀이 기구, 돗자리, 음식물 등은 가지고 들어갈 수가 없답니다.

조선, 새로운 시대가 열리다

조선이라는 나라는 누가 세웠을까요? 네, 이성계이지요. 이성계는 고려 말 어지러운 사회를 수습하고 조선을 세웠어요. 그런데 오랫동안 고려의 수도였던 개경에 살고 있는 백성들은 새나라 조선을 받아들이지 않았어요.

이성계는 차라리 도읍지를 옮겨 새롭게 나라의 기틀을 다져야겠다고 생각했지요. 무학대사와 정도전의 도움을 받아 한양으로 새 도읍지로 옮기고 새 왕조의 기틀을 다졌어요.

한양은 도읍지로 안성맞춤이었어요. 주위가 산으로 둘러싸여 있어 전쟁이나 난리가 났을 때 방어하기 쉽고, 그 안은 평평하고 넓어서 많은 사람이 살기에 알맞았거든요. 또 가까운 곳에 한강이 흐르고 있어서 교통과 생활이 편리했지요.

도읍지가 정해지자 먼저 종묘와 사직을 세웠어요. 종묘는 조상에게 제사를 지내는 사당이고, 사직은 땅의 신과 곡식의 신에게 제사를 드리는 제단이에요. 두 곳은 나랏일을 대표하는 중요한 장소였어요. 그리고 왕이 살 궁궐도 지었지

요. 그 궁궐이 바로 경복궁이에요. 그 뒤 도읍지를 방어하기 위해 한양을 둘러싸고 있는 네 개의 산을 따라 도성도 쌓았어요.

이렇게 새 나라를 세우고, 도읍지의 모양을 갖춘 조선은 새로운 시대를 활짝 열었어요.

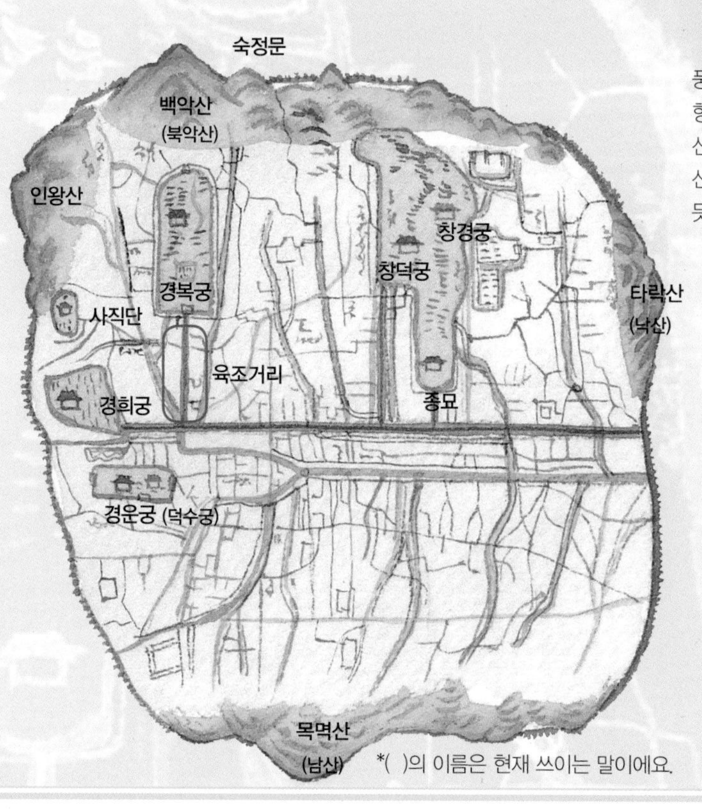

*( )의 이름은 현재 쓰이는 말이에요.

풍수지리상 도읍지에 알맞은 한양의 형세를 그린 지도예요. 북쪽에는 백악산, 남쪽에는 목멱산, 동쪽에는 타락산, 서쪽에는 인왕산이 한양을 보호하듯 둘러싸고 있어요.

한눈에 보는 경복궁

경복궁의 안내도예요. 실제로 보면 정말 넓겠지요? 하지만 지금의 건물들은 본래 경복궁의 10분의 1밖에 남지 않은 것이랍니다.

일제 강점기와 한국 전쟁을 거치면서 많은 건물들이 사라지거나 훼손되었거든요. 다행히 1990년부터 복원 공사를 거치면서 경복궁의 본모습을 많이 되찾고 있어요. 그럼 지금부터 왕이 어디에서 잠을 잤고, 어디에서 책을 읽었고, 어디에서 신하들과 나랏일을 의논했는지 알아보러 출발해 볼까요?

신무문
집옥재
건청궁
향원정
함화당
집경당
풍기대
국립민속박물관
자경전
소주방
국립민속박물관 입구
건춘문

경복궁에는 볼거리가 많아서 돌아보는 순서를 정하지 않고 무작정 돌아다니면 다리도 아프고 잘 보지 못할 수도 있어요. 위 작은 그림에 표시된 붉은색 선을 따라 돌아보면 효과적으로 볼 수 있어요.

외전

왕이 나랏일을 돌보는 곳이에요. 공식적인 국가 행사나 조회가 이루어지는 근정전과 왕이 신하들과 함께 국가의 중요한 일을 보던 사정전이 있어요.

내전

내전은 왕과 왕실 가족이 생활하던 공간이에요. 강녕전과 교태전, 자경전이 있으며, 다음 왕위에 오를 왕세자가 머무는 자선당 등이 있어요.

후원

왕실 가족의 휴식 공간인 후원은 큰 연회를 베풀던 경회루, 자연미가 돋보이는 향원정 등이 있답니다.

경복궁 가는 길

경복궁으로 들어가는 첫 문은 광화문이에요. 이 앞으로는 아주 넓은 도로가 쭉 뻗어 있어요. 현재 세종로에는 정부청사, 문화관광부, 세종문화회관과 같은 큰 건물들이 양옆으로 늘어서 있지요. 조선 시대에는 주요 관청들이 있었던 행정과 정치의 중심 거리였답니다. 조선 시대 관리들은 '육조거리'라 불린 이 거리를 따라 바삐 궁으로 출근했을 거예요. 우리도 광화문을 지나 경복궁으로 들어가 볼까요?

육조거리

육조거리는 아침마다 출근하는 신하들로 붐볐어요. 왕이 사는 경복궁과 곧바로 이어지는 이곳은 조선의 관청 거리였지요.

이순신 장군 동상이 서 있는 세종로예요.
조선 시대에는 육조거리라고 했어요.

해치
지금 광화문에 있는 해치는 원래
사헌부 앞에 있던 조각상입니다.

조선의 법궁, 경복궁

자, 여기서부터 조선의 왕들이 살았던 궁궐인 경복궁이에요. 함께 들어가 볼까요?

궁궐이란 어떤 곳일까요? 그 뜻부터 살펴봐요. 한자를 풀어 보면, 집 궁(宮), 대궐 궐(闕)이에요. 궁에는 담장을 두른 집이라는 뜻이 담겨 있고, 궐은 궁 문의 양 옆에 두 개의 망루가 있는 곳을 뜻해요. 경복궁의 높은 담장과 광화문 동쪽 끝에 있는 동십자각을 보면 알 수 있지요. 그러니까 궁궐은 건물과 담을 아우르는 낱말인 셈이죠.

궁궐은 왕과 왕실 가족이 사는 곳이에요. 그뿐 아니라 왕의 가족을 모시는 내관과 궁녀들도 살았답니다. 그러니 단순히 왕의 집이라고만 볼 수는 없지요. 궁궐에는 궐내각사라고 불리는 많은 관청들도 있었거든요. 그곳으로 신하들이 출근해 나랏일을 돌보았지요. 나라의 중요한 모든 일이 이루어진 곳이었어요.

궐내각사
궁궐 안에 있는 집현전, 승정원, 내의원 같은 여러 관청을 가리킵니다.

조선의 5대 궁궐

왕이 궁궐에서 가족들과 함께 살며 여러 가지 나랏일을 살폈어요. 그런데 불이 나거나 전쟁이 일어나 궁궐이 잿더미가 되면 왕이 살 곳이 마땅치 않게 되지요. 그래서 필요에 따라 왕이 잠시 살 수 있는 궁궐을 지었어요. 법궁인 경복궁 이외에 창덕궁, 창경궁, 덕수궁, 경희궁 등은 그런 필요에 따라 세워졌답니다.

경복궁
조선의 건국과 함께 세워진 **법궁**이에요. 임진왜란 때 불에 타 폐허가 되었다가 흥선 대원군이 다시 지었답니다.

법궁
임금님이 나랏일을 돌보며 주로 생활했던 궁궐을 말해요.

또 다른 궁궐, 이궁

그런데 나무로 만들어진 궁궐이 불에 타거나 전염병이 도는 일이 생기면 어떻게 될까요? 조선에서는 법궁인 경복궁 말고도 다른 궁궐들을 지어 만약에 있을 여러 문제들을 대비했답니다.

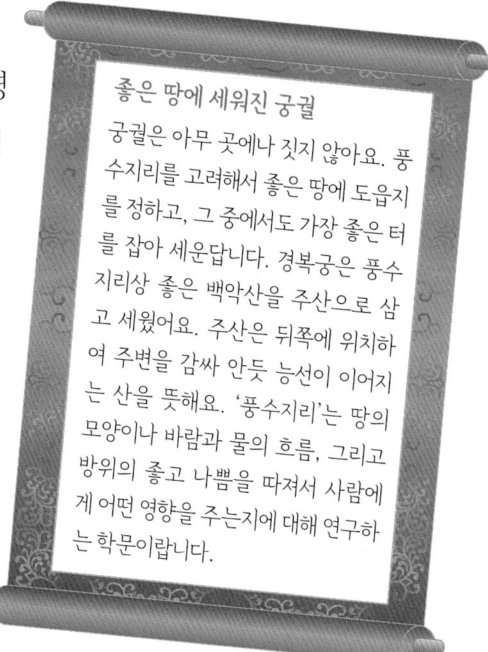

좋은 땅에 세워진 궁궐

궁궐은 아무 곳에나 짓지 않아요. 풍수지리를 고려해서 좋은 땅에 도읍지를 정하고, 그 중에서도 가장 좋은 터를 잡아 세운답니다. 경복궁은 풍수지리상 좋은 백악산을 주산으로 삼고 세웠어요. 주산은 뒤쪽에 위치하여 주변을 감싸 안듯 능선이 이어지는 산을 뜻해요. '풍수지리'는 땅의 모양이나 바람과 물의 흐름, 그리고 방위의 좋고 나쁨을 따져서 사람에게 어떤 영향을 주는지에 대해 연구하는 학문이랍니다.

조선의 법궁인 경복궁은 임진왜란 때 불에 타 사라졌어요. 조선 말 고종이 다시 세울 때까지 약 270여 년 동안 폐허였지요. 그렇다면 그동안 왕은 어디서 살았을까요?

임진왜란이 끝난 뒤 선조는 파괴된 한양과 불타 버린 궁궐을 보며 몹시 괴로워했답니다. 그러나 다시 경복궁을 짓지는 않았어요. 경복궁의 터가 좋지 않아 임진왜란이 일어났다고 생각했거든요. 그래서 선조는 임시로 경운궁에 살았고, 광해군 때에 경복궁 대신 창덕궁과 창경궁을 지었어요. 조선 초 창덕궁과 창경궁은 경복궁의 이궁이었지만 경복궁이 사라진 후에는 조선의 법궁 역할을 했어요.

창덕궁
태종이 지은 궁궐로 임진왜란 때 불에 타 광해군이 다시 지었어요. 경복궁이 불에 타 버리자 법궁의 역할을 했답니다.

창경궁
1483년 성종이 대비들을 위해 수강궁을 고쳐 창경궁이라고 다시 이름지었답니다. 창덕궁이 법궁일 때 **이궁** 역할을 했어요.

덕수궁
임진왜란 때 모든 궁궐이 불에 타 사라지자 선조는 월산 대군의 집이었던 이곳을 **행궁**으로 사용했어요. 1611년에 광해군이 경운궁이라 이름지어 정식 왕궁이 되었어요.

경희궁
광해군 때 지어졌지만 일제 강점기에 많이 훼손되었지만 최근 꾸준한 복원 공사로 모습을 되찾고 있어요.

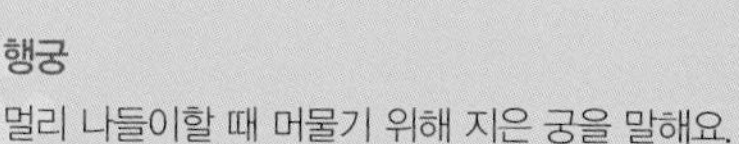

행궁
멀리 나들이할 때 머물기 위해 지은 궁을 말해요.

이궁
화재나 전염병을 대비해 지은 궁궐을 말해요.

경복궁의 정문, 광화문

광화문 정문 앞까지 왔으면 걸음을 멈춰 보세요. 이제 광화문이 정면으로 보이나요? 경복궁의 정문인 광화문은 조선 5대 궁궐의 정문 중 가장 우람하고 으리으리해요. 하지만 광화문은 멋진 겉모습과는 달리 여러 고난을 겪었어요. 임진왜란 때 부서져 버렸다가 흥선 대원군이 다시 세웠고 일제 강점기에 또다시 나쁜 일을 겪지요. 일본이 조선총독부 건물을 지으면서 광화문을 없애려고 했거든요. 위엄 있는

광화문

광화문은 박정희 대통령 때 철근과 콘크리트로 새로 세웠어요. 보통 나무로 짓는 우리의 전통 건물과는 다르게 만들었지요. 모양은 전통 건물이지만 재료는 전통적이지 않은 셈이에요. 그러나 2006년 12월부터 원래 자리와 모습을 찾기 위해 복원 공사를 시작했고, 2010년 8월에 완공되었어요.

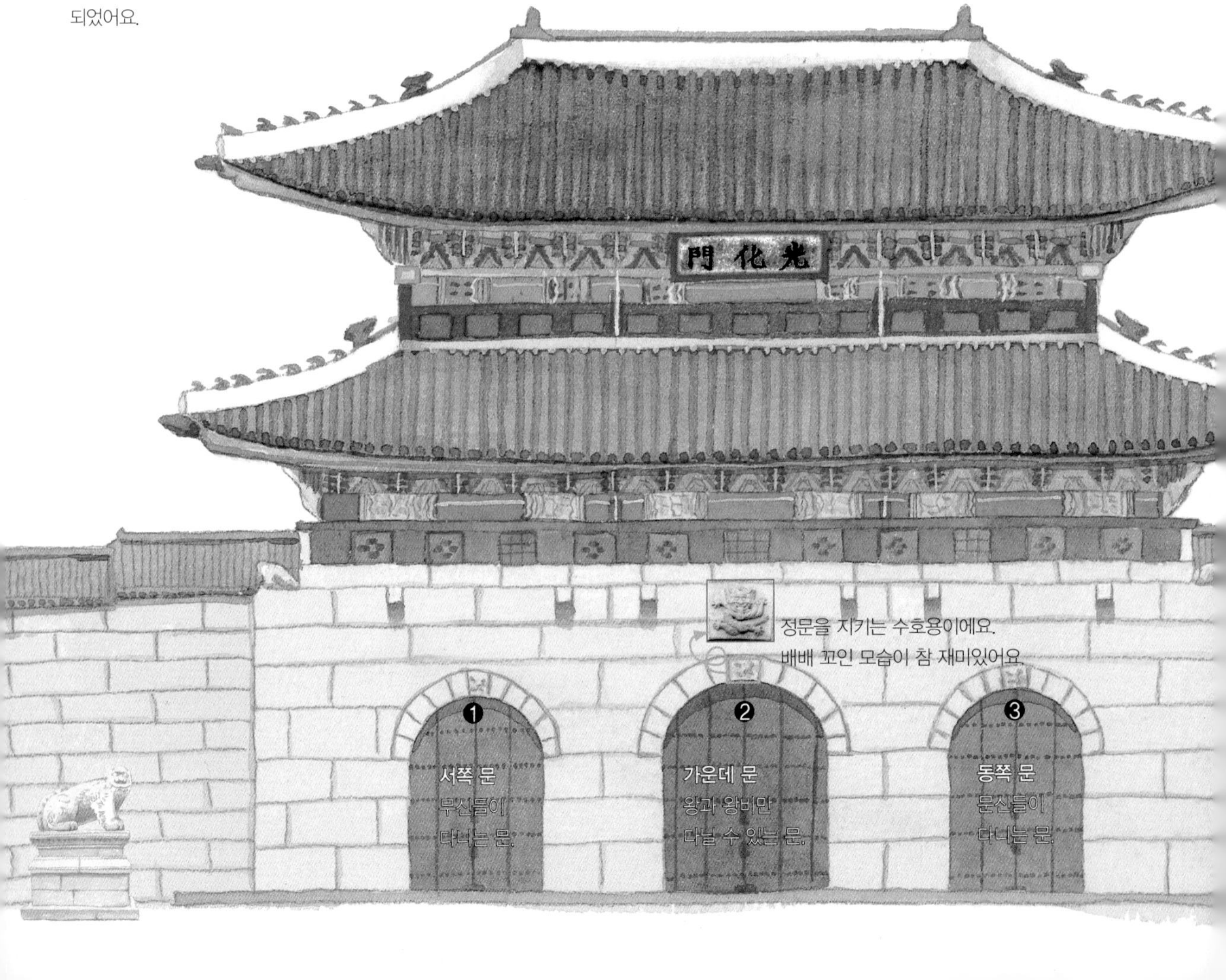

光化門

정문을 지키는 수호용이에요. 배배 꼬인 모습이 참 재미있어요.

❶ 서쪽 문 무신들이 다니는 문.

❷ 가운데 문 왕과 왕비만 다닐 수 있는 문.

❸ 동쪽 문 문신들이 다니는 문.

광화문이 사라지는 것을 안타까워한 당시 지식인들의 반대로 겨우 무사할 수 있었지만 원래 있던 곳에서 건춘문 북쪽으로 자리를 옮겼지요. 그러다 한국 전쟁을 겪으면서 광화문은 다시 상처투성이가 되었어요. 폭격을 받아 누각은 날아가고 석축은 총에 맞아 상처를 입지요.

그 후 광화문을 1968년에 경복궁 정문 위치로 다시 옮겼지만, 나무가 아닌 콘크리트 구조로 복원하는 과정에서 제자리를 찾지 못했어요. 지금의 광화문은 원래의 모습으로 제자리를 찾아 다시 복원한 것이에요.

광화문의 뜻이 뭐예요?

광화문은 태조 때 사정문으로 불렸어요. 그러다 세종 때 집현전 학자들에 의해 '광화문'이라는 이름을 얻게 되었어요. 광화문의 '광화'는 '광피사표화급만방(빛이 사방을 덮고, 감화가 사방에 미친다.)'라는 말에서 따 온 것이랍니다.

석축
돌로 쌓아 만든 벽을 말해요.

광화문 천장의 문양들

❶ 

서쪽 문 천장
무신이 드나들던 서쪽 문에는 파도를 헤쳐 가는 거북이 그려져 있어요.

❷ 

가운데 문 천장
왕이 드나드는 중앙 문에는 하늘을 나는 주작이 그려져 있어요.

❸ 

동쪽 문 천장
문신이 드나들던 동쪽 문에는 구름 속을 나는 기린이 그려져 있어요.

동십자각
광화문을 중심으로 동쪽과 서쪽에 각각 동십자각과 서십자각이 있었어요. 그런데 서십자각은 일본 사람들이 길을 넓힌다며 헐어 버렸어요. 동십자각은 무사했지만 광화문의 위치가 틀어지면서 지금처럼 경복궁 담장과 떨어지게 되었답니다.

궁궐 담
본래 궁궐의 담은 감히 누구도 넘볼 수 없을 정도로 높았어요.
그러나 지금은 담장 너머로 경복궁 안이 훤히 내다보여요.
복원하면서 지금처럼 낮게 지은 거예요.

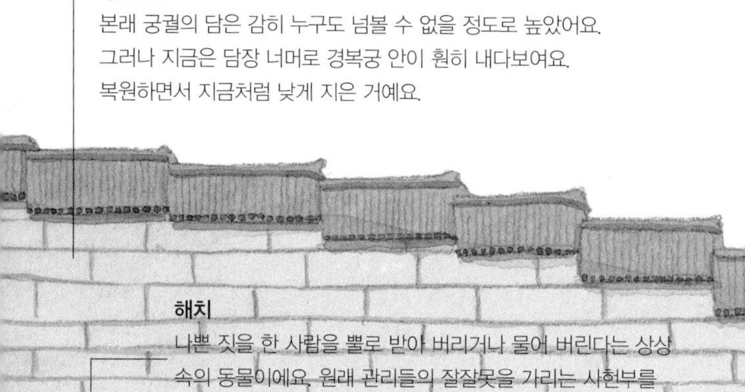

해치
나쁜 짓을 한 사람을 뿔로 받아 버리거나 물에 버린다는 상상 속의 동물이에요. 원래 관리들의 잘잘못을 가리는 사헌부를 상징해서 사헌부 건물 앞에 있었어요. 그러다 일제 강점기에 광화문 앞으로, 그리고 광화문 앞 도로를 넓히면서 지금의 자리로 오게 되었어요. '해태'라고도 했지요.

*본래 광화문에서 동십자각까지는 긴 담장이지만 이 책에서는 지면상 약식으로 표현했습니다.

광화문의 세 친구

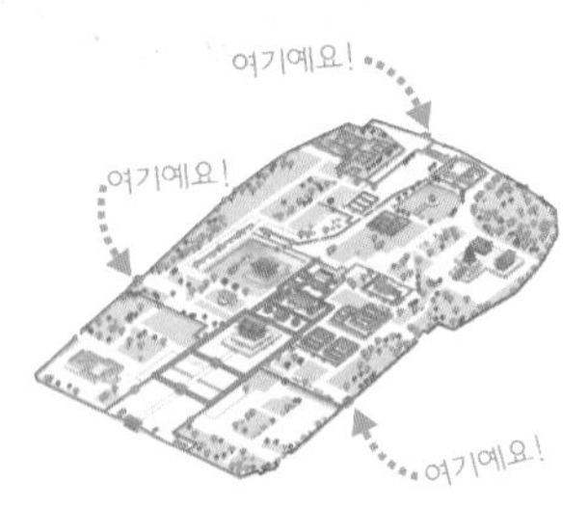

경복궁에는 광화문 말고도 세 개의 문이 더 있어요. 각기 동서남북을 향해 사방에 서 있지요. 남문이자 정문인 광화문, 그리고 동쪽을 향한 건춘문, 서쪽을 향한 영추문, 북쪽을 향한 신무문 등이에요. 봄을 상징하는 건춘문은 동쪽 하늘의 수호신인 청룡이 천장에 그려져 있어요. 여름을 상징하는 광화문은 남쪽 하늘의 수호신인 주작이 천장에 그려져 있어요. 가을을 상징하는 영추문은 서쪽 하늘의 수호신인 백호가 천장에 그려져 있고요, 겨울을 상징하는 신무문은 북쪽 하늘의 수호신인 현무가 천장에 그려져 있답니다.

영추문

신무문

건춘문

여기서 **잠깐!**

광화문 앞 해치의 재미있는 모습을 찾으시오!

해치는 나쁜 사람을 금세 알아보는 상상의 동물이에요. 표정도 험상궂게 짓고 있지요. 그런데 해치를 자세히 살펴보면 재미있는 모습도 있어요. 아래의 특징들을 찾아 사진에 동그라미 해 보세요.

1. 목에 걸린 커다란 방울
2. 커다랗고 귀여운 발톱
3. 복슬복슬한 털

☞ 정답은 56쪽에

헐릴 뻔한 광화문을 살린 야나기 무네요시

1910년부터 1945년까지 우리나라가 일본에 강제로 점령당한 일제 강점기 동안 우리의 많은 문화유산들은 약탈과 훼손을 당했어요. 경복궁도 예외는 아니었답니다. 1926년 일본은 조선총독부를 완공하면서 광화문을 헐어 버릴 계획을 세웠어요. 경복궁의 정문인 광화문이 조선총독부를 가렸다는 이유로 말이지요. 그러나 다행히 야나기 무네요시*라는 일본인의 글이 많은 사람의 입에 오르내리면서 광화문은 헐릴 위기를 넘겨요. 일본인이었지만 민족과 국경을 초월해 문화유산을 소중히 여겼던 야나기 무네요시의 글을 읽어 볼까요?

* 야나기 무네요시(1889~1961년)는 조선의 예술과 문화를 사랑했던 일본의 미술 평론가랍니다.

광화문이여, 광화문이여, 너의 목숨이 이제 경각에 달렸구나. 네가 지난날 이 세상에 있었다는 기억이 차가운 망각 속으로 묻히려 하고 있다. (이를) 어찌하면 좋단 말인가? 나는 지금 어찌할 바를 모르겠구나. 비정한 끌과 무정한 망치가 너의 몸을 조금씩 파괴하기 시작할 날이 멀지 않았다. 이 일을 생각하면 가슴 아파할 사람이 대단히 많을 것이다. 그러나 아무도 너를 구할 수는 없다. 불행하게도 너를 구할 수 있는 사람은 너의 일을 슬프게 생각하지 않는 사람들이다.

광화문이여, 너의 존재는 얼마 안 가서 빼앗기고 말 것이다. 그러나 빼앗겨서는 안 될 존재를 위하여 나는 이 글을 쓰고 있다. 그리하여 나는 진하고 선명한 묵으로 쓰고 또 쓰는 일을 게을리하지 않을 것이다. 이 지상의 시야에서 너의 모습을 볼 수 없게 될지라도 나의 이 글은 적어도 지상의 어느 곳엔가에는 전파될 것이다. 나는 뿌리 깊게 너를 기념하기 위하여 이 추도문을 대중 앞에 보내는 것이다. 광화문이여, 사랑하는 친구여!

경복궁을 잃는다는 것은 한성(서울의 옛 지명)의 중심을 잃는 것과 같다. 저 왕궁보다도 정확한 형식과 위대한 규모를 지닌 것은 조선 어디에서도 찾을 수가 없다. 그것은 조선 건축의 대표이며, 규범이며 정신이 아닌가? 정치는 예술에 대해서까지 무분별해서는 안 된다. 예술을 침해하는 권력의 행사는 삼가라. 자진해서 예술을 옹호해 주는 것이 위대한 정치가 해야 할 일이 아닌가. 우방을 위해서, 예술을 위해서, 도시를 위하여, 더욱이 그 민족을 위하여 저 경복궁을 구하고 세우라. 용서해 다오! 나는 죄짓는 자 모두를 대신해서 사과하고 싶다. 나는 그 증표로 삼고자 지금 붓을 든 것이다.

* 1922년 9월 호 《개조》에 실린 〈사라지려 하는 한 조선 건축을 위해서〉라는 글의 일부분이에요.

왕과 신하가 만나는 곳 외전

무신들

무예가 뛰어난 무신은 왕과 마주보았을 때 왕의 오른쪽 자리에 섰답니다.

왕의 즉위식

새로운 왕이 왕위에 오를 때에는 즉위식을 거행해요. 이때에는 신하들이 경복궁 근정전 앞마당의 정해진 자리에 서서 새로운 왕을 맞이해요. 웅장한 음악이 흐르고, 왕은 근정문을 통해 들어와 왕이 다니는 길을 걸어서 근정전에 오릅니다. 이 그림은 왕위 즉위식을 상상해 그린 거예요. 근정문에 들어서기 전, 어린이 친구들도 한번 상상해 보세요.

쉿, 여기서부터는 마음을 경건하게 해야 해요. 왕을 만나러 가는 길이거든요. 하지만 아직도 몇 개의 문을 더 지나야 해요. 이 문들을 지나면 경복궁의 핵심 공간인 외전이 여러분을 기다릴 거예요. 외전에서는 왕과 신하가 나랏일을 돌보았지요. 궁궐의 정전인 근정전과 그 앞마당인 조정에서는 왕의 즉위식이나 가례, 외국의 사신 접견이 이루어졌고, 왕이 신하들과 함께 조회를 가졌답니다. 이곳을 돌아다니다 보면 왕과 신하들의 바쁜 모습들이 스쳐 지나갈지도 몰라요.

문신들
문예가 뛰어난 문신은 왕과 마주보았을 때 왕의 왼쪽 자리에 섰답니다.

왕을 만나기 위해 지나는 문들

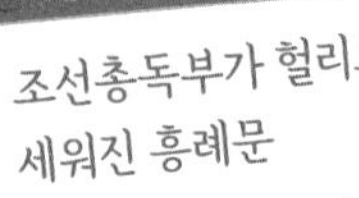

광화문을 들어서면 넓은 광장이 있어요. 조선 시대의 관리들은 여기서부터 왕을 만나기 위해 마음의 준비를 했지요. 여러분은 왕을 만날 준비가 되었나요?

흥례문

조선총독부가 헐리고 세워진 흥례문

흥례문과 옆으로 이어진 담 일대는 일제 강점기 때 조선총독부 건물이 생기면서 사라졌던 곳이에요. 그러다 조선총독부 건물을 헐고 복원 공사를 거쳐 2001년에 완성되었어요. 새로 지어진 지 얼마 되지 않아 주변을 둘러싼 행각과 흥례문의 단청이 매우 선명하고 화려하답니다.

흥례문은 궁으로 들어가는 두 번째 문이에요. 왕이 나와 조회를 하던 곳인 정전에 이르려면 이 문을 포함해 총 세 개의 문을 지나야 해요. 예를 들면, 경복궁에서는 광화문 → 흥례문 → 근정문을 순서대로 지나야 하지요.

내가 어디 있는지 찾아봐!

여기서 잠깐!

수호 동물을 찾으시오!

흥례문을 지나서 근정문에 다다르기 전에 다리 하나가 있어요. 보이나요?
바로 영제교예요. 북쪽에 있는 백악산에서 흘러내린 물이 서쪽에서 동쪽으로 흐르면서 이곳에 금천을 만들었답니다. 이 금천은 왕의 공간과 그 밖을 가르는 아주 중요한 역할을 했어요. 이를 말해 주듯 이곳에는 나쁜 기운이 들어가지 못하게 수호 동물들이 지키고 있답니다.
어디에 있는지 한번 찾아보세요. 몇 마리인가요?

▶힌트: 사진에서는 두 마리가 보이지만 반대편에 두 마리가 더 있답니다.

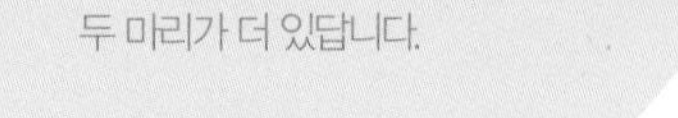

☞ 정답은 56쪽에

광화문과 흥례문 사이의 넓은 광장에서는 궁성문 개폐식과 수문장 교대 의식이 매일 펼쳐져요. 궁궐을 지키는 군사들이 정해진 순서에 따라 광화문을 여닫고 궁궐을 호위하는 역할을 재현한 것이지요. 흥례문은 한동안 홍례문으로 불렸어요. 그러다 고종 때 흥선 대원군이 임진왜란으로 불에 타 사라진 경복궁을 고쳐 지으면서 흥례문이라고 바꿔 부르게 되었지요. 홍례문은 세종 때 지은 이름이랍니다.

근정문

영제교를 지나면 근정전으로 가는 근정문이 나와요. 근정문은 단순히 사람들이 지나다니는 문이라기보다는 정치가 시작되는 의미있는 장소라고 할 수 있어요. 조회, 사신 접대, 즉위식, 가례, 교서 반포 등이 행해지는 근정전으로 이어지는 문이거든요.

가례
왕의 즉위나 결혼 등의 예식을 말해요.

교서
왕이 백성에게 보내는 나랏일에 대한 여러 가지 의견을 말해요.

월화문
무신이 드나들던 문이에요.

일화문
문신이 드나들던 문이에요.

가장 으뜸이 되는 건물, 근정전

여기예요!

경건한 마음으로 근정문을 지나왔나요? 이 문을 들어서면 앞에 웅장한 근정전이 나타나지요. 바로 경복궁의 정전이에요. 정전은 가장 으뜸이 되는 건물이라는 뜻이지요. 왕이 신하들의 조하를 받고, 공식적인 대례를 거행하고, 외국의 사신을 맞이하는 일들이 이곳 근정전과 그 앞마당에서 이루어졌어요. 근정전은 경복궁의 핵심 건물인만큼 경복궁 안에서 가장 규모가 크고 격식도 잘 갖추고 있어요. 근정전 건물은 2단으로 된 높은 월대 위에 2층 건물로 위풍당당하게 서 있지요. 그럼 국보 제223호로 지정되어 있는 근정전의 멋진 모습을 자세히 살펴보아요.

궁궐을 지키고 있는 서수 가족

근정전 월대에는 궁궐을 수호하는 동물들이 많이 조각되어 있어요. 그 중에는 온 가족이 동원된 동물도 있답니다. 바로 서수 가족이에요. 상상의 동물인 서수는 근정전 앞 양옆에서 부부가 함께 새끼까지 데리고 와서 궁궐을 지키고 있지요. 서수 가족이 이렇게 궁궐을 지키고 있으니 얼마나 든든했을까요? 월대에서 서수 가족을 찾아보세요.

조하
기념할 만한 날에 신하가 입궐하여 왕에게 축하를 드리는 것을 말해요.

대례
왕과 신하가 함께하는 중대한 의식을 말해요.

근정전과 앞마당인 조정의 모습이에요.

근정전에 숨어 있는 보물을 찾으시오!

근정전은 경복궁의 중심 건물인만큼 볼거리도 많이 있어요. 건물뿐만 아니라 건물 주변으로 의미 있는 소품들도 많이 설치되어 있지요. 그럼 어떤 소품들이 숨어 있는지 현장에서 찾아보고 사진 아래 괄호에 동그라미 해 보세요.

(　　　)

드므

궁궐의 건물은 나무로 지었기 때문에 잘못해서 불이 나면 큰일이겠지요? 그래서 이렇게 드므에 물을 담아 두었답니다. 그런데 고작 이 정도의 물로 불길을 잡을 수 있을까요? 드므는 실제로 불을 끄기 위한 물이라기보다는 상징적인 소화기라고 할 수 있어요. 불귀신이 건물 옆에 담긴 물을 보고, 아예 불을 지를 생각을 못하도록 갖다 놓았지요.

(　　　)

정

왕권을 상징하는 것이에요. 근정전에서 중요한 예식이 거행될 때, 왕이 정전 안의 어좌에 오르면 이곳에 향을 피웠다고 전해지기도 해요.

(　　　)

품계석

직급 별로 신하들이 서는 위치를 나타내 주는 푯돌이에요.

(　　　)

어도와 신도

근정전 앞마당 가운데를 자세히 보면 세 갈래의 길이 있어요. 이 중 정가운데 길은 왕이 다니는 '어도'이고, 양옆은 신하들이 다니는 '신도'랍니다.

(　　　)

박석

조정에 깔아 놓은 돌을 박석이라고 해요. 다듬지 않고 자연스럽게 깎은 돌이 오히려 근정전의 품위를 살려 준답니다.

(　　　)

쇠고리

아주 더운 여름 날이나 비가 오는 날에는 강렬한 햇빛을 가리거나 비를 막기 위해 천막을 쳤어요. 이것은 그 천막을 고정시키는 쇠고리랍니다.

(　　　)

월대

근정전 앞에 이층으로 쌓은 기단을 월대라고 해요. 건물의 위치를 높여 더욱 더 크고 웅장해 보이게 해 준답니다.

(　　　)

답도의 판석

월대를 오르는 계단 가운데에 마련된 사각형 돌이에요. 여기에는 봉황 무늬가 새겨져 있어요. 가마가 지나는 길이란 뜻이에요. 이 봉황은 어진 임금이 다스리는 평화로운 세상에 나타난다는 상상 속의 동물이랍니다.

(　　　)

잡상

지붕 위의 잡상은 그 건물에 사는 사람을 보호해 준다는 수호신이에요. 중국 소설 〈서유기〉에 나오는 삼장법사와 손오공, 사오정, 저팔계 그리고 그들을 따르는 무리들을 본떠 만든 흙 인형이랍니다.

왕의 위엄을 한껏 살린 근정전

근정전 건물은 매우 웅장해 보여요. 그런데, 2층일까요, 1층일까요? 안을 들여다보면 알 수 있어요. 근정전은 천장을 높게 만든 1층 건물이에요. 이렇게 천장을 높게 지은 것은 왕의 위엄을 살리기 위해서랍니다. 근정전 내부는 화려한 단청들이 한껏 아름답게 꾸며 주고 있어요. 중앙에 있는 어좌에 왕이 앉아 있는 장면을 한번 상상해 보세요. 위엄 있어 보이지요?

근정전 천장에 새겨 놓은 황룡 두 마리

자, 이제 천장을 올려다보세요. 황룡 두 마리가 조각되어 있는 게 보이나요? 이 황룡은 세상의 중심, 즉 왕을 상징한답니다. 그런데 이 황룡을 보면 발가락이 일곱 개예요. 그래서 이 황룡을 일컬어 '칠조룡'이라고 해요. 강력한 왕권을 상징하는 조각이지요.

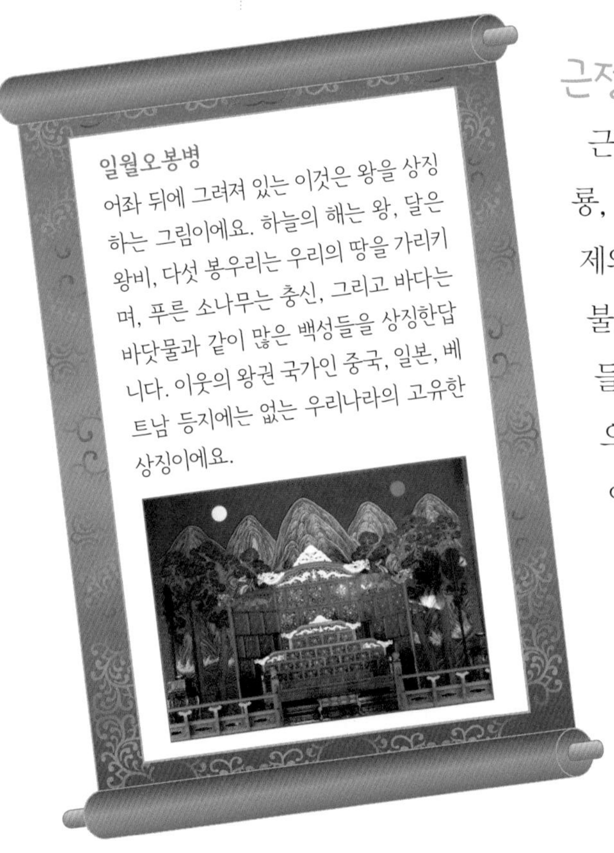
일월오봉병

어좌 뒤에 그려져 있는 이것은 왕을 상징하는 그림이에요. 하늘의 해는 왕, 달은 왕비, 다섯 봉우리는 우리의 땅을 가리키며, 푸른 소나무는 충신, 그리고 바다는 바닷물과 같이 많은 백성들을 상징한답니다. 이웃의 왕권 국가인 중국, 일본, 베트남 등지에는 없는 우리나라의 고유한 상징이에요.

근정전을 받치고 있는 월대

근정전 월대에는 동서남북의 수호신인 청룡, 백호, 주작, 현무가 있고, 개와 돼지를 제외한 십이지신의 동물들 그리고 서수라고 불리는 동물들이 조각되어 있어요. 이 동물들은 근정전과 왕을 수호하기 위해 상징적으로 마련해 놓은 것이에요. 어떤 동물들이 있는지 한번 만나 볼까요?

근정전을 지키는 동물들을 찾으시오!

근정전을 떠받치고 있는 월대에는 왕을 보호하는 동물들이 사방으로 배치되어 있어요. 어떤 동물들이 있는지 동물들을 하나하나 찾아보세요. 그리고 괄호 안에 찾아낸 동물의 이름을 써 보세요.

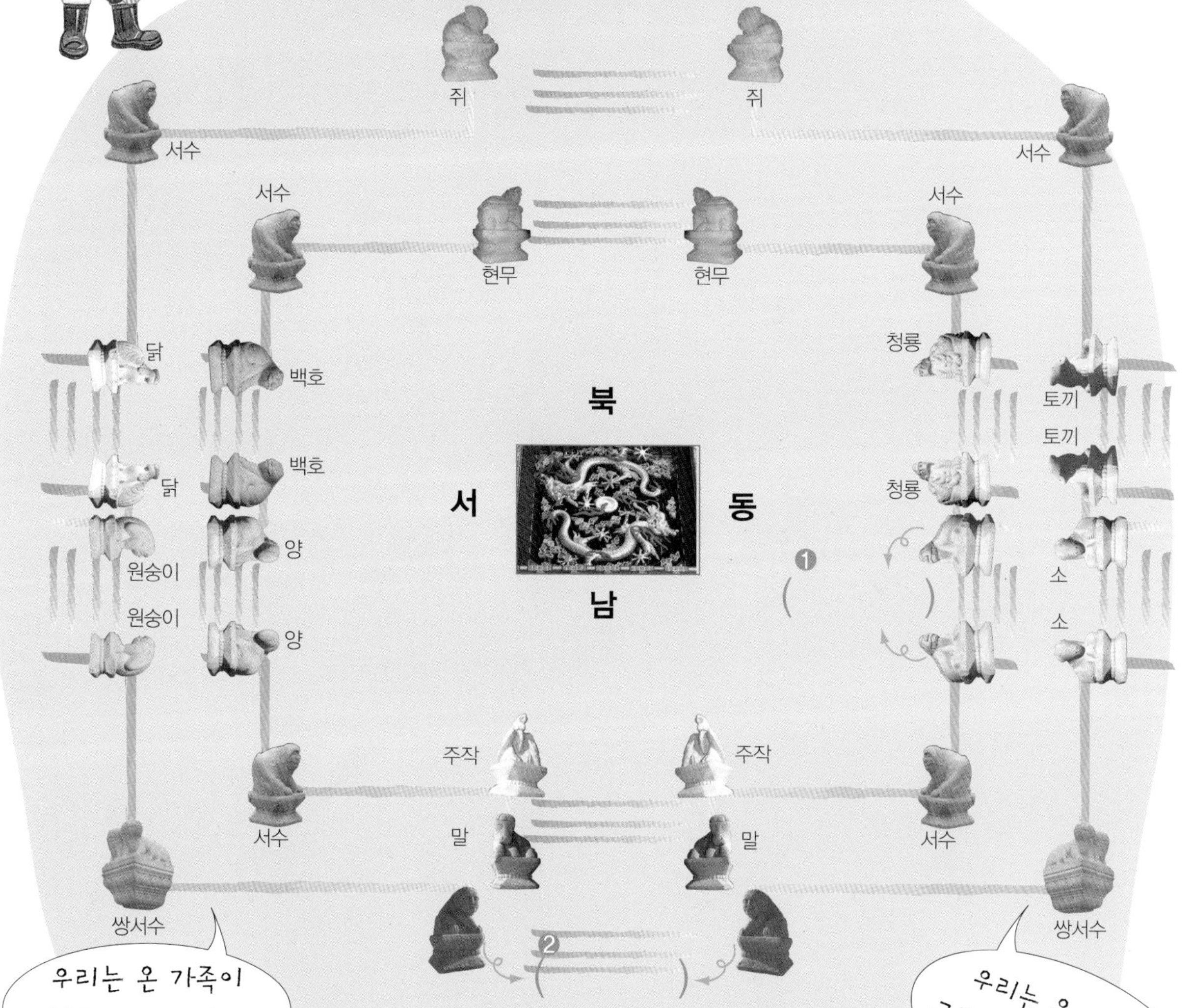

쥐 쥐

서수 서수

서수 현무 현무 서수

닭 백호 청룡 토끼

북

닭 백호 토끼 청룡

서 동

원숭이 양 ❶ ( ) 소

원숭이 양 소

남

주작 주작

서수 말 말 서수

쌍서수 쌍서수

❷ ( ) ( )

우리는 온 가족이 궁궐을 지키고 있어요.

우리는 온 가족이 궁궐을 지키고 있어요.

현장 활동 또 하나! 사라진 동물을 찾아라!

위의 근정전을 지키는 동물들은 십이간지 동물들과 사신들이에요. 그런데 십이간지 동물 중에서 월대의 수호 동물로 선택되지 않은 것이 있어요. 이유는 사람들이 상스러운 짐승이라 여겼기 때문이에요. 어떤 동물일까요? 찾아서 써 보세요.

1. ( ) 2. ( )

☞ 정답은 56쪽에

서로 뽐내는 경복궁 수호 동물

우리는 경복궁을 수호하는 동물들이에요. 경복궁을 돌아다니다 보면 곳곳에서 우리를 만날 수 있지요. 누가누가 있는지 한번 만나 보세요.

황룡

세상의 중심은 나, 나는 곧 왕을 상징하는 동물이야. 근정전 천장에 있는 걸 보면 알 수 있지. 이보다 더 귀할 수 있어?

백호

담장을 넘어 오는 나쁜 귀신들을 어떻게 할까? 나는 내 용맹스러움으로 왕과 왕실 가족을 보호하고 있다고.

현무

다들 시끄러워. 잠 좀 자자! 너희가 아무리 떠들어 봐야 궁궐에서 가장 약한 부분인 뒷문을 내가 지키지 않으면 소용없단 말이지.

봉황

나는 태평성대가 되면 나타나는 새라는 거 다들 알지? 내가 나타나면 지금의 임금님이 지혜로운 왕임을 증명하는 거지. 이보다 소중할 수 있어?

박쥐

뭐 하나도 잘난 녀석들이 없구만. 상상의 동물이 아니라도 난 행복을 가져다 준단 말이야.

기린

다들 웃기는 말씀! 어진 신하가 나타나려고 하면 내가 나타나 알려 주지. 신하는 나처럼 지혜롭고 현명하게 나랏일을 해야 해. 그러니 나야말로 대단한 거 아니겠어?

불가사리

너희들이 아무리 잘난 척해도 소용없지. 궁궐은 나무로 지은 건물이야. 내가 없으면 활활 타 버릴 수도 있어. 불타 버린 궁궐에서 너희가 무슨 소용이지?

주작

난 광화문의 가운데 문에 새겨진 새라는 걸 너희도 다 알 거야. 가운데 문은 왕만 다니는 길이지. 나야말로 왕을 보호하는 수호신인데, 나보다 더 대단한 동물 있으면 나와 봐.

청룡

나는 궁궐의 동쪽을 지키는 수호신이야. 나랑 내 친구들이 궁궐의 4개 문을 지켜 주지 않으면 왕실의 안전을 보장할 수 있을 것 같아?

학·사슴·거북·쥐·소

우리도 궁궐에 살지만, 잘난 척하지 않아. 임금님 앞에서는 근정전의 우리처럼 겸손한 마음을 가져야 하지 않을까?

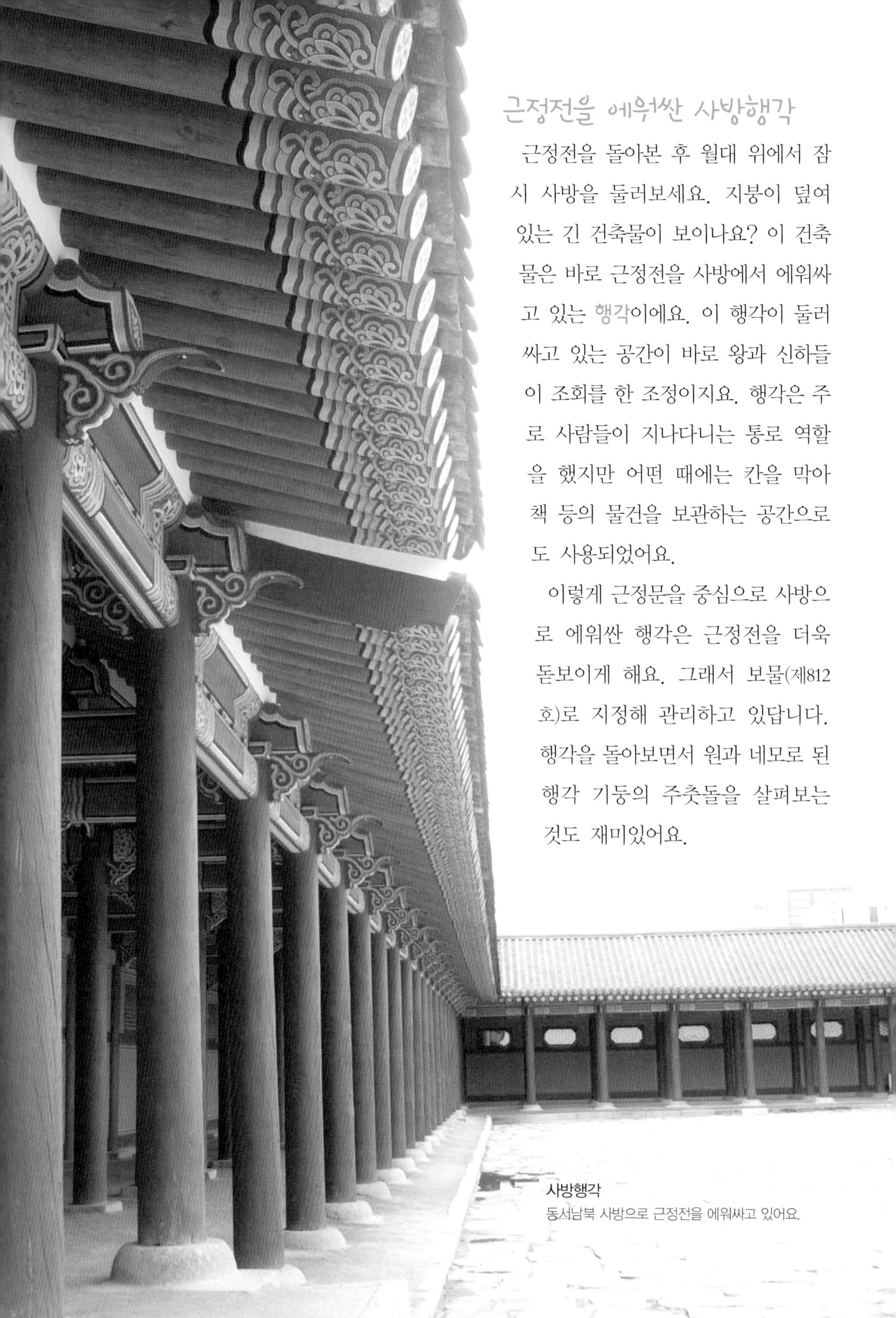

근정전을 에워싼 사방행각

근정전을 돌아본 후 월대 위에서 잠시 사방을 둘러보세요. 지붕이 덮여 있는 긴 건축물이 보이나요? 이 건축물은 바로 근정전을 사방에서 에워싸고 있는 행각이에요. 이 행각이 둘러싸고 있는 공간이 바로 왕과 신하들이 조회를 한 조정이지요. 행각은 주로 사람들이 지나다니는 통로 역할을 했지만 어떤 때에는 칸을 막아 책 등의 물건을 보관하는 공간으로도 사용되었어요.

이렇게 근정문을 중심으로 사방으로 에워싼 행각은 근정전을 더욱 돋보이게 해요. 그래서 보물(제812호)로 지정해 관리하고 있답니다. 행각을 돌아보면서 원과 네모로 된 행각 기둥의 주춧돌을 살펴보는 것도 재미있어요.

사방행각
동서남북 사방으로 근정전을 에워싸고 있어요.

단청을 왜 칠할까요?

이제는 근정전의 처마를 올려다보세요. 매우 화려한 느낌이 들지요. 그건 왜일까요? 가장 큰 이유는 단청 때문일 거예요. 단청이 칠해진 건물은 궁궐과 사찰에서만 볼 수 있지요. 그런데 단청은 왜 칠하는 것일까요?

단청을 칠하는 이유는 나무로 세워진 건물을 보호하기 위해서랍니다. 단청을 칠하면 바람이나 비에 나무가 직접 닿지 않아서 훼손되는 것을 막을 수 있거든요. 또 다른 이유는 건물의 권위를 높이기 위해서예요. 단청은 나무 색보다 위풍당당하고 화려하게 보이거든요.

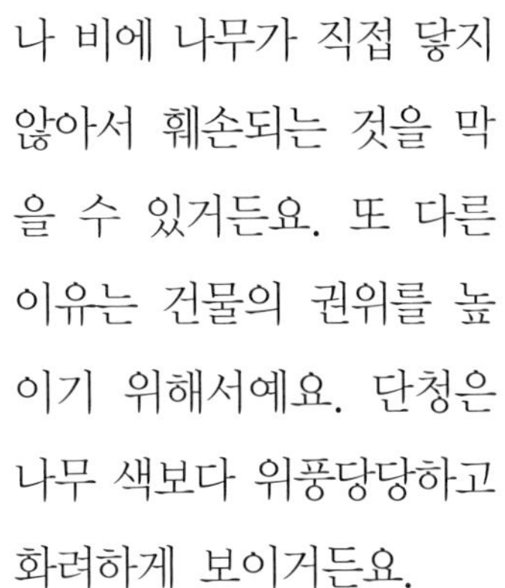

근정전의 화려한 단청

행각
집을 둘러싸고 있는 집채를 뜻해요.

단청
궁궐이나 사찰의 건물에 여러 가지 빛깔로 그린 그림이나 무늬를 말해요.

여기서 **잠깐!**

근정전 최고의 모습을 뽐내 보시오!

주위를 둘러보세요. 많은 사람들이 근정전을 배경으로 사진을 찍고 있지요? 그런데 어떻게 하면 근정전의 멋진 모습을 제대로 담을 수 있을까요? 찍은 사진을 53쪽에 붙여 보세요.

❶ 근정전을 배경으로 카메라 가까이에서 상반신만 찍어요.

❷ 정면보다는 옆에서 전신을 찍어요.

❸ 사방행각에서 근정전을 배경으로 찍어요.

왕의 집무실, 사정전

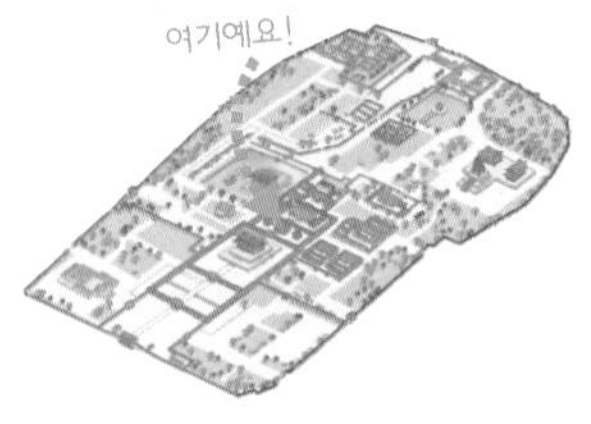

근정전을 둘러보고 뒤로 돌아가면 사정문이 나와요. 바로 사정전으로 가는 문이랍니다. TV 드라마에서 "좌의정을 편전으로 들라 하시오."라고 왕이 명령을 내리는 장면을 볼 수 있어요. 이때 편전이 바로 임금님의 집무실인 사정전을 말한답니다. 근정전이 왕과 신하의 공식적인 행사 장소라면 사정전은 왕이 편히 앉아서 나랏일을 보는 집무실이라고 할 수 있어요. 왕은 이곳에서 신하들과 모여 경연을 하기도 하고, 신하들과 이야기를 나누거나 상소를 보고 받기도 하지요.

경연
왕과 신하들이 모여서 책을 읽고 공부하는 것을 말해요.

사정전 안을 들여다보면 가운데에 어좌가 있고, 그 위에는 웅장한 운룡도 그림이 그려져 있지요. 구름 속에 움직이는 용이 마치 살아 꿈틀대는 것 같아요. 용은 임금, 구름은 신하를 상징해서 임금과 신하가 더불어 나라를 잘 다스리기 바라는 그림이에요.

사정전
사정전에서 '사정'이라는 말은 '왕은 깊게 생각하여 옳고 그름을 따져 나랏일을 해야 한다.'는 뜻을 갖고 있어요. 이곳에서 왕이 현명한 정치를 하라는 뜻이었지요.

편전의 왕

운룡도

그런데 사정전 건물 양옆을 보면 두 채의 건물이 자리하고 있어요. 이 두 건물은 특별 집무실이랍니다. 동쪽 건물은 만춘전이고, 서쪽 건물은 천추전이에요. 사정전은 마루방이기 때문에 겨울에는 춥지요. 그래서 겨울에는 사정전 대신 온돌이 있는 만춘전이나 천추전으로 옮겨서 나랏일을 보았다고 해요.

상소
임금에게 글을 올리는 일을 말해요.

집현전이었던 수정전

이 일대를 돌아보며 빼 놓을 수 없는 건물이 하나 있어요. 바로 수정전이에요. 편전의 서쪽, 그러니까 경회루 연못 남쪽에 있는 수정전은 고종 때 경복궁을 다시 지으면서 세운 건물이에요. 이곳은 세종 때 집현전이었던 자리랍니다. 가까이 가서 살펴볼까요! 널따란 5단 월대 위에 서 있는 수정전은 지붕의 잡상 숫자도 5개나 되며, 규모도 40칸에 달해요. 당시에는 꽤 위엄 있는 건물이었지요. 1867년에 복원된 후 처음에는 고종이 사용하다가 그다음에는 여러 용도로 쓰였답니다.

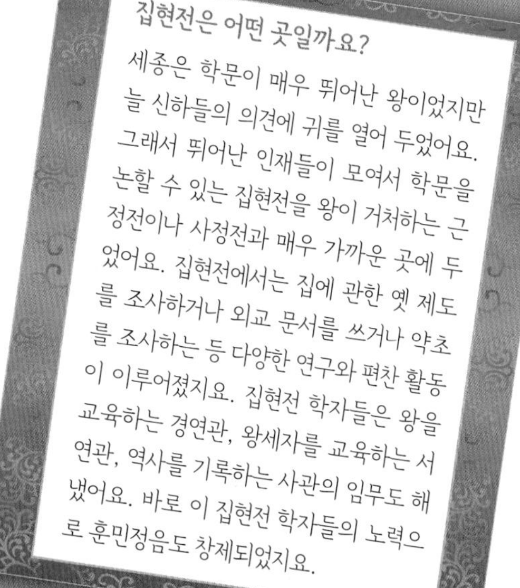
집현전은 어떤 곳일까요?

세종은 학문이 매우 뛰어난 왕이었지만 늘 신하들의 의견에 귀를 열어 두었어요. 그래서 뛰어난 인재들이 모여서 학문을 논할 수 있는 집현전을 왕이 거처하는 근정전이나 사정전과 매우 가까운 곳에 두었어요. 집현전에서는 집에 관한 옛 제도를 조사하거나 외교 문서를 쓰거나 약초를 조사하는 등 다양한 연구와 편찬 활동이 이루어졌지요. 집현전 학자들은 왕을 교육하는 경연관, 왕세자를 교육하는 서연관, 역사를 기록하는 사관의 임무도 해냈어요. 바로 이 집현전 학자들의 노력으로 훈민정음도 창제되었지요.

수정전

왕실 가족이 사는 곳 내전

왕과 왕비가 머무는 곳인 내전은 왕과 왕실 가족의 생활 공간이에요. 이곳에는 아무나 들어올 수가 없답니다. 왕의 침전*인 강녕전, 왕비의 침전*인 교태전, 그리고 대비의 침전*인 자경전과 왕세자가 생활을 하는 자선당이 있지요.

*침전은 침실 공간, 즉 잠을 자고 휴식을 취하는 곳을 말해요.

교태전의 지붕

지붕 중앙을 가로지르는 것을 용마루라고 해요. 용마루의 용은 곧 왕을 상징하지요. 그런데 침전인 강녕전과 교태전에는 용마루를 만들지 않았답니다. 지붕에서 용마루가 누르고 있으면, 또 다른 용인 왕세자가 태어나는 데 방해가 된다고 여겼기 때문이에요.

하루의 일과를 마치고 왕비에게 가는 왕

하루의 나랏일을 마친 왕은 지친 몸을 이끌고 왕비의 침전인 교태전으로 갑니다.
이곳에서 왕은 왕비와 함께 그날 있었던 여러 가지 이야기를 나누며 저녁 식사를 하지요. 그리고 왕자와 공주를 불러 모아 존엄한 한 나라의 왕이 아닌 인자하고 다정한 아버지로서 대화를 나누기도 해요.

왕이 생활하는 곳, 강녕전

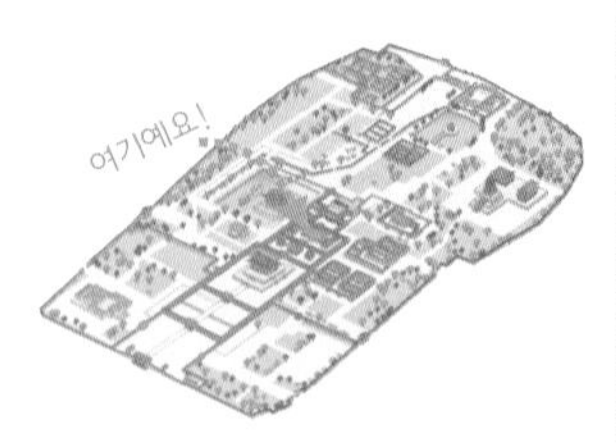

지금부터 왕이 생활하는 곳을 돌아볼 거예요. 왕과 왕비는 같은 곳에서 함께 살지 않고 서로 독립된 공간을 갖고 있었어요. 그중 왕이 생활하는 곳이 강녕전이에요. 이곳에서 왕은 하루의 일과를 마치고 휴식을 취하기도 하고, 가족이나 친척을 불러 연회를 베풀기도 하고, 신하를 불러 조용히 나랏일을 의논하기도 했어요.

현재 경복궁에 남아 있는 강녕전은 1995년에 복원한 것이에요. 원래의 건물은 일제 강점기 때 창덕궁으로 자리를 옮겨 버렸어요. 그런데, 누가 왜 그랬을까요? 1918년 창덕궁에서 왕의 침전으로 쓰이던 희정당에 화재가 발생했어요. 그러자 일본은 1920년에 희정당을 복원하면서 경복궁의 강녕전을 헐어다가 그 자리에 세워 버려요.

강녕전

하루를 마감하는 왕

왕의 공식적인 업무는 밤 11시면 모두 끝이 났지만 바로 잠자리에 드는 건 아니에요. 특히 성군이었던 세종은 잠자는 시간까지 아껴 책을 읽었다고 해요.

돈이 없다는 이유였지요. 그러니까 지금의 창덕궁 희정당이 바로 경복궁에 있던 강녕전 건물이랍니다.

경복궁의 강녕전을 들여다보면 가운데는 마루방이고 좌우측에 온돌방이 있어요. 가운데에 왕과 왕비가 잠을 자고 그 주변을 상궁 나인들이 지키는 모양새였지요. 그리고 또 하나 특이한 점은 강녕전에는 가구가 없었다는 거예요. 가구는 왕의 생명을 위협하는 무기로 사용될 수 있었기 때문이지요. 이처럼 왕이 생활하던 곳은 다른 공간하고는 많이 달랐습니다.

왕을 높이는 낱말에는 어떤 게 있나요?

조선 시대에 왕은 하늘과 같은 귀한 분이라고 여겼기 때문에 왕에게만 쓰는 말이 따로 있었어요. 왕의 몸은 옥체, 얼굴은 용안, 눈은 안정, 눈물은 안수, 콧물은 비수, 입술은 구순, 손톱은 수지, 피는 혈, 대변은 매화, 방귀는 매화향, 옷은 용포, 식사는 수라, 의자는 용상이라고 불렀고, 왕족을 부를 때에는 마마를 붙였어요.

여기서 **잠깐!**

현장 활동 하나! 잡상을 세어 보시오!

궁궐 건물의 추녀마루를 자세히 들여다보면 끝 부분에 짐승들의 조각이 여럿 있어요. 바로 '잡상'이라고 하는 것이에요. 〈서유기〉에 나오는 삼장법사와 손오공, 저팔계, 사오정 그리고 그들을 따르는 무리들을 나타낸답니다. 예부터 중요하고 의미가 있는 건물일 경우, 이 잡상을 많이 만들어 놓았어요. 근정전에는 7개, 숭례문에는 9개, 경회루에는 11개가 있지요. 그렇다면 강녕전의 잡상은 모두 몇 개일까요? 한번 세어 보세요. (　　　)개

강녕전의 잡상

현장 활동 둘! 다음 그림을 보고 알맞은 이름을 써 보시오!

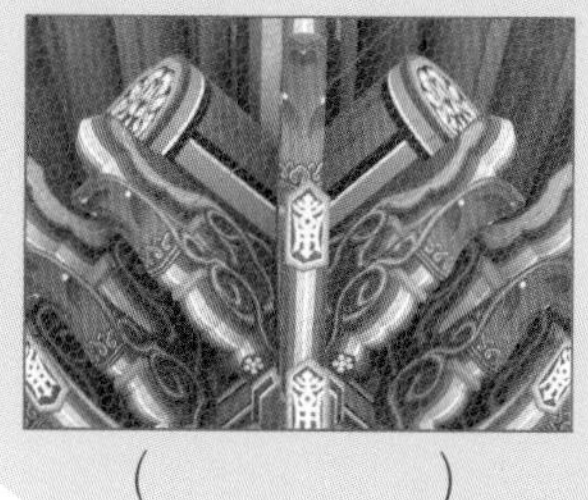

(　　　　　)

(　　　　　)

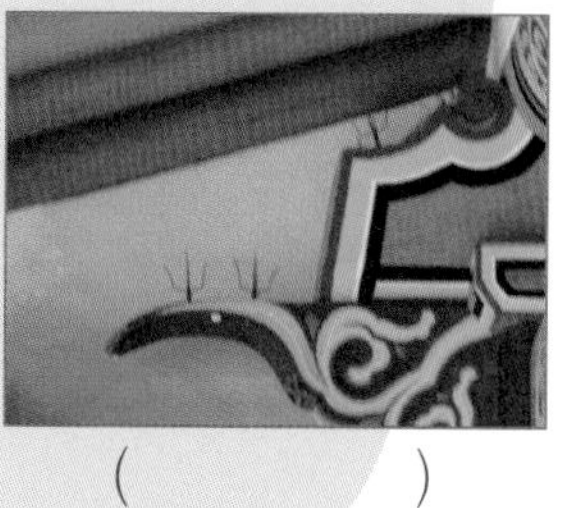

(　　　　　)

▶힌트: 처마 밑을 자세히 살펴보세요. 그물이 보이나요? 이 그물은 조선 시대부터 씌워 놓은 '부시'예요. 새들이 처마 밑에 집을 지을 수 없도록 하기 위한 장치였지요. 새들이 집을 지으면 나무로 지은 궁궐 건물이 썩기 쉽거든요. 그물을 치기 힘들 때에는 처마 밑에 '삼지창'을 꽂기도 했어요.

☞ 정답은 56쪽에

왕비의 생활 공간, 교태전

강녕전을 돌아 뒤편에 있는 양의문을 지나면, 왕비의 침전인 교태전이 보여요. 여러 개의 문을 지나 다다른 교태전은 궁궐에서 가장 깊숙하고 중심이 되는 위치에 있답니다. 그래서 왕비가 생활하는 곳을 가운데 중(中) 자를 써서 '중궁전'이라고도 했어요.

교태전에는 왕비가 왕자나 공주를 낳기 위한 방이 별도로 마련되어 있어요. 뒷마당으로 잇대어 있는 건순각이 그곳이랍니다. 이곳을 지나 북쪽 후원으로 향하는 문의 이름도 건순문이에요. '건강하게 순산하라.'는 뜻이 담긴 소박한 이름이지요.

교태전

사실 이곳은 풍수지리적으로 매우 중요한 자리예요. 백두산에서 시작된 좋은 기운이 백두대간을 타고 흘러 북한산 보현봉에 이르렀다가 서울의 주산인 백악을 타고 내려와 교태전 바로 뒤쪽에 있는 아미산에 다다르지요. 바로 그 중요한 자리에 왕비의 침전인 교태전이 있고, 그 맥이 뛰는 곳에 건순각이 있답니다.

그런데 교태전도 강녕전과 같은 우여곡절을 겪었어요. 강녕전과 같은 이유로 일제 강점기 때 창덕궁으로 옮겼지요. 그러니까 현재 창덕궁 대조전이 원래 경복궁 교태전이었답니다. 지금 경복궁에 있는 교태전은 1995년에 새로 세운 것이에요.

아기자기하고 화려한 교태전의 꽃담

한국의 후원 화계

우리나라는 예부터 좁은 공간에서 풍성한 자연을 보여 주기 위해 화계(계단식으로 꾸민 화원)로 후원을 가꾸었어요. 교태전 뒤편에 꾸며 놓은 화계가 대표적인 예이지요. 이곳이 바로 백두산의 좋은 기운이 다다른 '아미산'이에요. 중국에서 가장 아름답고 신비하다는 산의 이름을 빌려온 것이지요. 이 화계에는 특이한 점이 있어요. 교태전의 굴뚝들이 이곳까지 연결되어 있다는 것이에요. 이 육각형 굴뚝에는 아름다운 그림과 문양이 새겨져 있어 보물(제811호)로 지정되었답니다.

굴뚝에 새겨 놓은 문양들은 교태전의 꽃담과 같은 모양이에요. 자세히 들여다보면 사군자와 십장생 즉, 학, 박쥐, 봉황, 덩굴무늬, 소나무, 매화, 국화, 불로초, 새, 사슴, 바위 등이 조화를 이루고 있지요. 아미산에는 여러 가지 꽃과 나무를 심었을 뿐만 아니라 호수나 연못을 상징하는 모양의 돌 함지박을 놓아서 계절이 변하는 것을 알기 쉽게 했어요.

마치 자연을 옮겨다 놓은 듯한 이런 여러 가지 장치들은 궁궐에서 좀처럼 밖으로 나갈 수 없는 왕비에게 갇혀 사는 느낌을 조금이라도 덜어 주려는 배려랍니다.

굴뚝

석련지
동그란 부분에 조각된 것은 두꺼비 상이에요. 후원에서 찾아보세요.

굴뚝이 있는 아미산
아미산의 굴뚝은 건물에 붙어 있지 않고 뚝 떨어져 있어요. 이는 화재를 방지하고 아름답게 꾸며 주기 위해서랍니다.

낙하담
'노을이 떨어지는 깊은 연못'이라는 뜻이에요.

대비의 생활 공간, 자경전

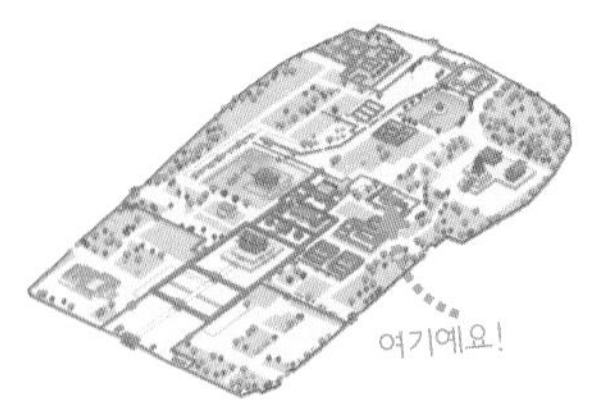

교태전의 동북쪽에 자리하고 있는 자경전은 흥선 대원군이 경복궁을 다시 세우면서 고종의 양어머니었던 신정 왕후를 위해 지은 건물이에요. 그런데 지은 지 얼마 되지 않아 불에 타서 1888년(고종 25년)에 새로 지었답니다.

이곳에는 교태전처럼 아름다운 후원은 없지만 대신 꽃담에서 전통 문양을 볼 수 있어요. 서쪽 담장을 보면 바깥쪽은 매화, 천도(복숭아), 모란, 국화, 대나무, 나비, 연꽃, 석류 등을 색깔 있는 모양 벽돌로 꾸몄고, 안쪽은 만수 문양, 격자 문양, 육각 문양, 오얏꽃 등을 세밀하게 새겨 넣어 아름다움이 절로 느껴지지요. 건물 뒤쪽에 있는 '십장생 굴뚝'도 눈여겨볼 만한 볼거리랍니다.

어머니를 위해 특별히 신경을 쓴 왕의 마음이 느껴지는 곳이에요.

자경전

아름다운 자경전의 꽃담

아기자기한 꽃 모양의 담

붉은 벽돌과 흰 빛이 나는 흙이 조화롭게 대비되면서 자경전의 담 분위기를 한층 은은하게 살립니다.

글자가 새겨진 담

'만수복강년' 글자를 넣어 대비의 만수무강을 기원했어요.

현장 활동 하나! 십장생에 담긴 마음을 읽어 보시오!

자경전 북쪽에는 담장과 굴뚝을 서로 붙어 있게 쌓았는데, 이 굴뚝은 보물 제810호로 지정되어 있어요. 이 담장과 굴뚝을 자세히 살펴보면, 화려한 볼거리가 많답니다. 또 굴뚝을 담장에 붙여 놓아 마치 담장의 일부인 것처럼 보이게 한 재치도 엿볼 수 있어요. 그런데 이 십장생 굴뚝은 왜 만든 것일까요? 굴뚝에 깃든 조상들의 마음을 생각해 보세요.

십장생도
오래 살기를 바라는 마음으로 해 · 산 · 물 · 돌 · 구름 · 솔 · 불로초 · 거북 · 학 · 사슴의 열 가지를 그린 그림이에요.

불가사리
굴뚝의 불가사리는 쇠와 불을 먹는 상상의 동물이에요. 그래서 굴뚝에 불가사리를 새기면 불이 나지 않는다고 생각했답니다.

현장 활동 둘! 박쥐를 찾으시오.

중국어로 박쥐는 '행복'과 같은 발음이에요. 그래서 많은 사람들에게 행복을 상징하는 동물이 되었지요. 이곳에서도 박쥐를 찾아볼 수 있어요. 어디에 있을까요?

❶ 굴뚝 양옆 ❷ 굴뚝 아래쪽 ❸ 기와 밑

☞ 정답은 56쪽에

국화

모란

대나무

매화

탐스러운 국화 꽃송이, 부귀 영화를 상징하는 모란, 바람에 스치는 대나무, 나비가 찾아든 매화 꽃 등을 표현해 놓은 꽃담을 따라 거닐다 보면 마치 꽃밭에 있는 듯한 느낌이 들어요.

왕세자가 사는 곳, 자선당

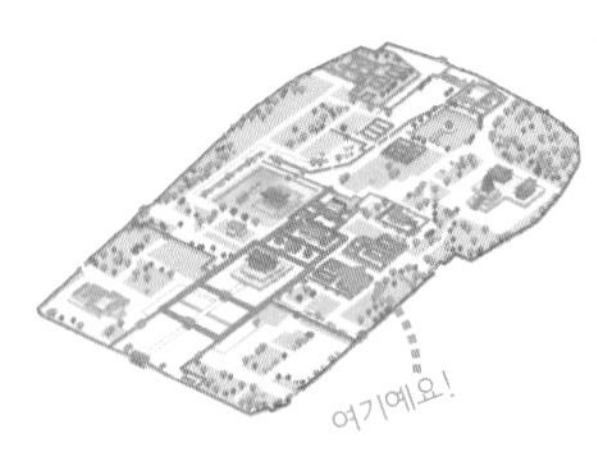

동궁
왕세자는 왕이 죽으면 왕위를 이어야 할 사람이기에 떠오르는 해에 비유했어요. 그래서 해가 뜨는 동쪽에 세자가 생활하는 건물을 짓고 이름도 동궁이라고 했지요.

왕세자는 왕위를 이을 왕자예요. 그래서 왕세자가 사는 곳을 왕의 집무실인 사정전 옆에 지었어요. 정치가 어떻게 이뤄지는지를 가까이에서 보고 배우라는 뜻이었지요. 자선당이라고 부른 이곳은 경복궁의 동쪽 부분에 있어서 동궁이라고도 했어요. 자선당 바로 옆에는 왕세자가 스승과 함께 공부를 하고 나랏일을 배우던 비현각이 있답니다. 비현은 '크게 드러나다.'라는 말로, 열심히 공부해 훌륭한 왕이 되라는 뜻을 담고 있어요.

경복궁이 처음 세워졌을 때에는 동궁이 따로 없었어요. 그러다 세종 때 새로 지었지요. 자선당에서는 문종이 세자 시절에 단종을 낳았고, 고종 때 경복궁을 다시 세운 뒤에는 순종이 머물렀다는 기록이 남아 있지요.

왕세자의 생활

한 나라의 왕자로 태어나는 것은 과연 멋진 일일까요? 아니에요. 조선의 왕세자들에게 그런 삶은 환상에 불과했답니다. 나라의 근본이

자선당
세자와 세자빈의 침전이에요. 자선이란 '착한 성품을 기른다.'는 뜻이랍니다.

자 미래에 왕이 될 왕세자로 산다는 것은 생각보다 고달프고 힘들기 짝이 없었거든요. 세 살 때부터 시작되는 공부는 왕세자를 괴롭힌답니다. 왕세자의 하루는 공부로 시작했다가 공부로 끝났다고 해도 지나친 말이 아니에요. 아침 저녁의 문안 인사 시간, 그리고 식사 시간을 제외하고는 온통 공부를 해야 했으니까요. 궁궐의 하루가 끝나는 밤 시간에도 왕세자는 바로 잠자리에 들지 못하고 침실에서 하루 동안 부족했던 공부를 보충해야 했답니다.

학식과 경륜을 갖춘 대신들에게 교육을 받고 힘들게 공부를 함으로써 왕세자는 장차 나라를 짊어질 왕으로서의 기품을 갖추게 되지요.

소주방에 대해 들어 보았나요?

동궁의 북쪽은 소주방 터였어요. 이곳에서 정확한 복원을 위해 2004년부터 2005년까지 발굴 조사가 진행되었어요. 소주방은 TV 인기 드라마 〈대장금〉으로 관심이 모아진 궁중 음식의 조리실이었답니다. 왕실 가족이 먹는 음식의 조리를 담당하던 곳이지요. 임금과 왕비의 식사는 안소주방에서, 아침과 간식은 생과방에서, 잔치 때의 음식은 바깥소주방에서 했어요.

왕세자의 교육

왕세자의 교육은 '세자시강원'에서 담당했어요. 왕세자 한 명만을 위한 특별 교육 기관이지요. 세자의 교육은 정승인 영의정, 우의정, 좌의정 중에서 한 명이 담당했습니다.

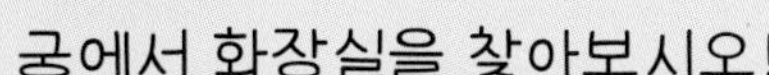
궁에서 화장실을 찾아보시오!

궁궐에는 꽤 많은 사람들이 살았는데, 도대체 화장실은 어디에 있는 것일까요? 조선 시대 궁궐에서는 화장실 대신 요강을 이용했을까요? 자선당과 비현각 사이와 비현각 이모문 남쪽 행랑에 가 보면 궁중의 화장실에 관한 궁금증이 풀려요. 꼭 확인해 보세요.

☞ 정답은 56쪽에

연회와 휴식의 공간 후원

왕은 평생 궁궐 안에서 신하들과 나랏일을 의논하고 공부를 하며 아주 바쁜 나날들을 보내야 했어요. 그래서 왕 개인으로서는 아주 고달픈 삶을 살았답니다. 그런 왕과 왕실 가족을 위한 공간이 후원이에요. 후원에는 어떤 곳이 있었을까요? 외국 사신을 접대하거나 나라의 큰 행사가 있을 때, 왕이 신하들을 모아 연회를 베풀던 장소인 경회루와 왕실 가족의 휴식 공간인 향원정이 있어요. 그 밖에도 신무문 밖으로 후원이 있었는데, 지금은 청와대가 자리를 잡고 있답니다. 경복궁을 돌아보느라 힘들었나요? 잠시 쉬면서 이곳에서 신하들과 큰 잔치를 열었을 왕을 상상해 봐요.

세종 때 세워진 경회루는 본래 용 모양의 돌기둥이 웅장하고 아름다워 이웃 나라 사신이 감탄했을 정도로 화려했답니다. 연산군 때는 연못 서편에 만세산을 쌓아 연못에 황룡주라는 배를 띄우고, 연회를 열기도 했어요. 지금의 경회루는 임진왜란 때 불에 타 사라졌던 것을 고종 때 다시 세운 거예요.

하늘과 땅의 조화, 경회루

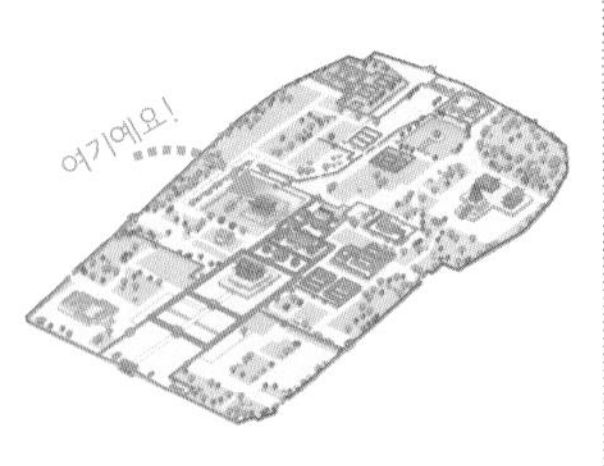

연못과 어우러진 경회루로 들어서면 아름다운 경관에 한결 마음이 편안해져요. 이곳은 왕이 잠시 휴식을 취하거나 흥겨운 잔치를 벌이던 공간이에요. 잠시 벤치에 앉아서 경회루를 쳐다보며 왕이 잔치를 벌인 상황을 상상해 보세요.

경회루는 특히 연산군과 깊은 인연이 있어요. 연산군은 지금의 수정전 자리에 흥청관을 세우고 전국의 기생들과 광대를 불러 모았어요. 그러고는 나랏일은 돌보지 않고 경회루에서 흥청망청 놀기에만 바빴지요.

경회
경회라는 뜻은 '바른 사람을 만나야 좋은 일이 있다.'라는 뜻이랍니다. 즉 왕과 신하의 관계를 뜻해요.

이외에도 경회루에는 참 많은 사연이 얽혀 있어요. 그중에서 가장 슬픈 일은 단종 폐위 사건이에요. 이곳에서 단종의 작은 아버지 수양대군은 어린 왕 단종을 내몰고 왕위를 빼앗았어요. 이에 단종에 대한 충성을 지키기 위해 박팽년은 이곳에서 자결하려고 하기도 했답니다.

경회루
국보 제224호로 지정된 경회루는 경복궁에서 가장 큰 건물이에요. 경회루의 연못을 판 흙으로 교태전 뒤에다 아미산을 쌓았답니다.

이처럼 이름만큼 좋은 일만 있었던 것은 아니지만 경회루의 위엄은 많은 사람들로 하여금 감탄을 자아내게 하지요. 지붕의 잡상만 해도 무려 11개나 될 정도랍니다.

하지만 경회루에서 무엇보다 눈길을 끄는 것은 누각을 받들고 있는 기둥이에요. 바깥쪽 기둥은 사각이고 안쪽의 기둥은 둥근 모양을 하고 있어요. 여기에는 동그라미는 하늘이고, 네모는 땅이라고 여기는 우리 조상들의 생각이 담겨 있답니다. 이런 생각을 '천원지방(天圓地

경회루를 떠받치고 있는 바깥쪽 사각 기둥

경회루를 떠받치고 있는 안쪽 둥근 기둥

方)'이라고 일컫지요. 경회루는 하늘과 땅이 조화롭게 떠받들고 있는 셈이에요. 우리 조상들은 이처럼 건물을 지을 때 많은 의미를 담았답니다. 겉으로 봐서는 알 수 없는 조상들의 이런 생각을 읽는 것이 체험학습의 또 다른 재미이지요.

그리고 기둥을 자세히 보면 위에서 아래로 내려오면서 점점 굵게 만들어진 것을 알 수 있어요. 전체적으로 경회루가 무거워 보이기 때문에 안정감을 주기 위해서였지요. 조선 초에 세워졌을 당시에는 이 기둥이 용무늬로 장식되어 있었답니다. 그 무늬가 있었다면 어떠했을까요? 한번 상상해 보세요.

여기서 잠깐!

총알을 맞은 불가사리를 찾으시오!

경회루에는 불가사리를 비롯한 동물 조각상들이 많이 있어요. 그 중 경회루 난간의 불가사리는 한국 전쟁 때 총알에 맞아 입 부분이 깨져 버렸어요. 경회루의 어느 쪽에 있는 불가사리인지 한번 찾아보세요.

▶힌트: 코끼리를 닮은 불가사리의 입 부분이 깨어져 있답니다.

향기로운 정자, 향원정

자경전과 교태전 사이에서 북쪽으로 가면 아름다운 정자와 운치 있는 연못이 나타나지요. 연못 가운데에는 정자가 있고, 그 정자로는 나무다리가 놓여 있어요. 이곳은 왕이나 왕비 또는 왕실 가족이 조용히 산책을 하거나 사색을 하는 공간이랍니다. 연못과 정자의 규모를 보니 역시 왕실의 공간이라는 생각이 듭니다. 하지만 처음부터 이 일대가 이렇게 크지는 않았답니다.

조선 초기 세조 때에는 이곳에 향원지라는 연못과 취로정이라는 작은 정자가 있었을 따름이에요. 그러다가 고종 때 경복궁 북쪽 지역에 건청궁을 지으면서 원래 있던 향원지를 크게 넓히고 그 한가운데에 인공의 섬을 만들었어요. 그리고 섬 가운데에 2층짜리 육모지붕을 이고 있는 정자를 세우고 나무다리를 놓아 건너다녔지요. 그리고 정자

물의 온도 차이를 밝히시오!

향원지의 물은 어디에서 올까요? 지하수와 향원지 북서쪽에 있는 샘물에서 흘러든답니다.

'열상진원'이라고 쓰여 있는 이 샘은 인공적으로 꾸며 놓은 것인데, 이 안에는 조상들의 놀라운 과학이 숨어 있답니다. 백악산에서 흘러온 차가운 물은 바로 향원지로 들어가지 않고 이 열상진원에 고였다가 조금씩 바깥으로 흘러내려 못 안으로 들어가지요. 이 과정에서 차가운 백악산의 물은 공기를 만나 따뜻해지고, 산소가 물에 섞여 깨끗해진답니다. 그래서 연못에 사는 물고기들이 갑자기 흘러들어온 차가운 물에 놀라지 않고 지낼 수 있어요. 정말로 그런지 위 사진의 동그랗게 파인 부분에 고인 물과 향원지에 흘러들어간 물의 온도를 재 보세요. 손 끝으로도 차이를 알 수 있어요.

열상진원 샘(　　　　)도, 향원지(　　　　)도

에는 '향기가 멀리까지 퍼진다.'는 뜻을 담아 향원정이라는 이름을 붙이고, 나무다리에는 '다리를 건너면 향기에 취한다.'는 뜻을 담아 취향교라는 이름을 붙였어요.

그런데 자세히 살펴보면 재미있는 모양을 발견할 수 있어요. 연못의 모양은 네모지고, 섬은 동그래요. 이곳도 '천원지방'의 생각을 담아 꾸민 것이지요. 이렇게 모난 모양의 연못에 가운데 섬을 마련하는 것은 우리나라 연못의 특징이기도 합니다.

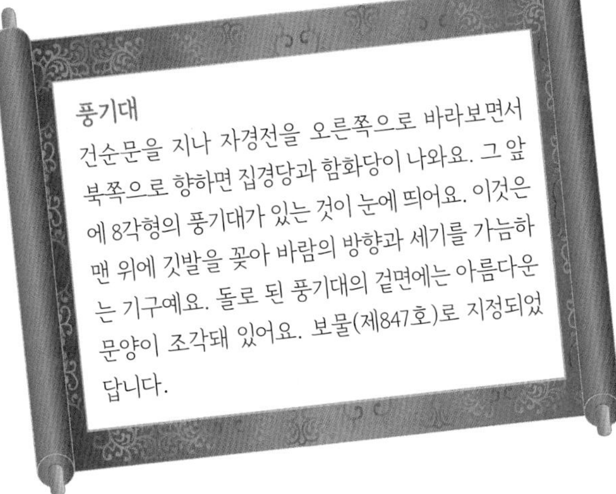

명성 황후가 시해된 곳, 건청궁

여기예요!

향원정 바로 뒤 북쪽에 있는 건청궁은 궁궐 속에 있는 또 다른 궁궐이에요. 아버지인 흥선 대원군에게서 벗어나 나랏일을 주도적으로 해 보려 했던 고종은 경복궁을 다시 지은 지 약 5년이지난 무렵 궁궐의 가장 북쪽에 건청궁을 세웠어요. 이곳에서 소신껏 나랏일을 돌보고자 했던 것이지요.

그러나 이런 목적과는 달리 건청궁은 조선 말 정치적 소용돌이의 중심이 되어 버렸어요. 1895년 일본인들이 명성 황후를 살해한 사건이 일어난 거예요. 이 사건을 '을미사변'이라고 해요. 명성 황후는 건청궁 안 왕비를 위한 공간인 곤녕합에 딸린 옥호루에서 시해당했지요. 일본 자객들은 근처 녹산에서 시해한 명성 황후를 불에 태웠고, 그 뼈를 향원지에 던져 버렸다고 해요. 한 나라의 왕비로서 너무도 치욕스러운 일을 당한 것이지요.

건청궁의 옛 모습

경복궁에는 복원해야 할 부분이 많아요

많은 문화유산들이 훼손되는 것은 왜일까요? 아마도 전쟁과 외세의 침입 때문일 거예요. 우리의 궁궐도 그로 인해 많이 불타 사라지거나 훼손되었답니다. 그런데 경복궁은 우리 민족의 가장 큰 수난기였던 일제 강점기에 가장 많이 훼손되었어요. 광화문을 옮기고 흥례문을 헐어 그곳에 조선총독부를 세웠는가 하면, 근정전 앞마당에 커다란 일장기를 걸었지요. 궁궐 건물을 헐어 내거나 팔아 버리고, 전국 각지에서 빼앗아 온 불상들을 보란 듯이 전시하기도 했답니다.

여러분이 오늘 둘러본 경복궁은 조선 말 고종 때 흥선 대원군이 다시 지은 경복궁의 10분의 1에 지나지 않아요. 그 빈 건물터는 잔디로 뒤덮여 건물의 흔적이 있었다는 사실만을 알려 주고 있지요. 그리고 해방 후 우리는 조선총독부 건물을 중앙청으로도 사용했고, 우리 민족의 소중한 유물을 전시하는 국립중앙박물관으로도 사용했답니다. 참으로 부끄러운 일이었지요. 그러나 최근 많은 사람들의 관심과 노력으로 경복궁은 계속 복원되고 있습니다.

경복궁 여기저기에서 볼 수 있는 잔디는 사라진 건물이 있던 자리예요.
넓은 잔디를 보면 얼마나 많은 건물들이 사라졌는지 짐작해 볼 수 있답니다.

경복궁이 빛나는 이유

왕이 살면서 신하들과 더불어 나랏일을 돌본 공간인 경복궁은 우리의 역사가 숨쉬는 아주 중요한 장소에요. 그러나 궁궐이 가지는 의미가 단지 그뿐만은 아니랍니다.

경복궁은 조선 시대를 지배했던 유교 정신이 스며 있는 곳이기도 합니다. 부지런히 나랏일을 하라는 '근정'이나 왕이 건강하기를 바라는 '강녕'과 같이 여러 건물에 붙여진 이름을 보면 잘 알 수 있지요. 경복궁 견학은 그런 정신이 배어 있는 우리 문화를 체험하는 중요한 열쇠가 된답니다.

또 경복궁은 우리 문화의 명맥을 이어 온 최고 장인들의 빼어난 솜

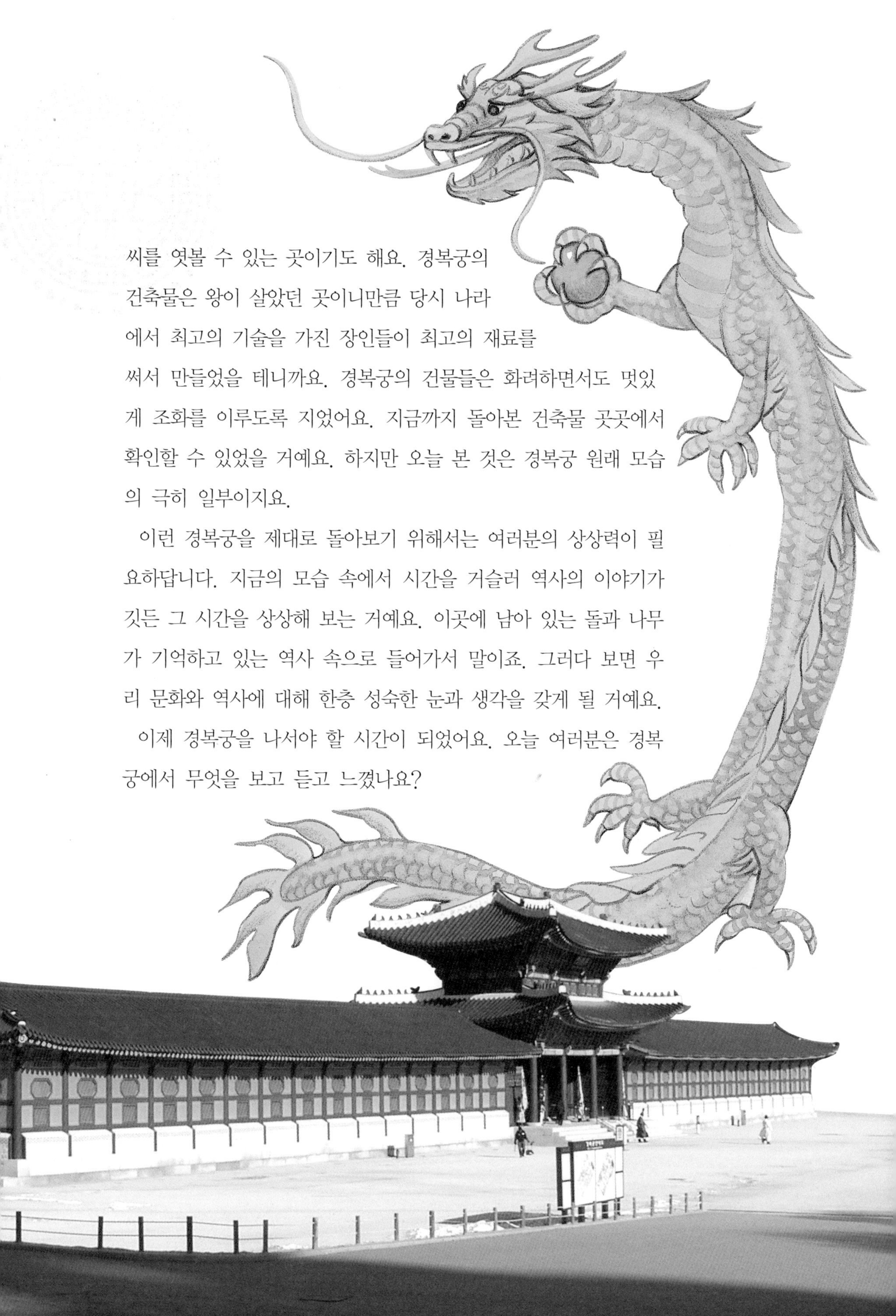

씨를 엿볼 수 있는 곳이기도 해요. 경복궁의 건축물은 왕이 살았던 곳이니만큼 당시 나라에서 최고의 기술을 가진 장인들이 최고의 재료를 써서 만들었을 테니까요. 경복궁의 건물들은 화려하면서도 멋있게 조화를 이루도록 지었어요. 지금까지 돌아본 건축물 곳곳에서 확인할 수 있었을 거예요. 하지만 오늘 본 것은 경복궁 원래 모습의 극히 일부이지요.

이런 경복궁을 제대로 돌아보기 위해서는 여러분의 상상력이 필요하답니다. 지금의 모습 속에서 시간을 거슬러 역사의 이야기가 깃든 그 시간을 상상해 보는 거예요. 이곳에 남아 있는 돌과 나무가 기억하고 있는 역사 속으로 들어가서 말이죠. 그러다 보면 우리 문화와 역사에 대해 한층 성숙한 눈과 생각을 갖게 될 거예요.

이제 경복궁을 나서야 할 시간이 되었어요. 오늘 여러분은 경복궁에서 무엇을 보고 듣고 느꼈나요?

나는 경복궁 박사!

경복궁 답사가 모두 끝났어요. 경복궁에 대해 제법 많은 것을 알게 된 것 같지요? 그렇다면 실력을 마음껏 발휘해서 문제를 풀어 보세요.

1 빈칸을 채워 보세요.

아래는 한눈에 볼 수 있는 경복궁의 지도예요. 그런데 중요한 건물은 빈칸이네요. 여러분이 아는 만큼 채워 보세요.

보기

광화문, 근정전, 경회루, 강녕전, 교태전, 수정전, 향원정

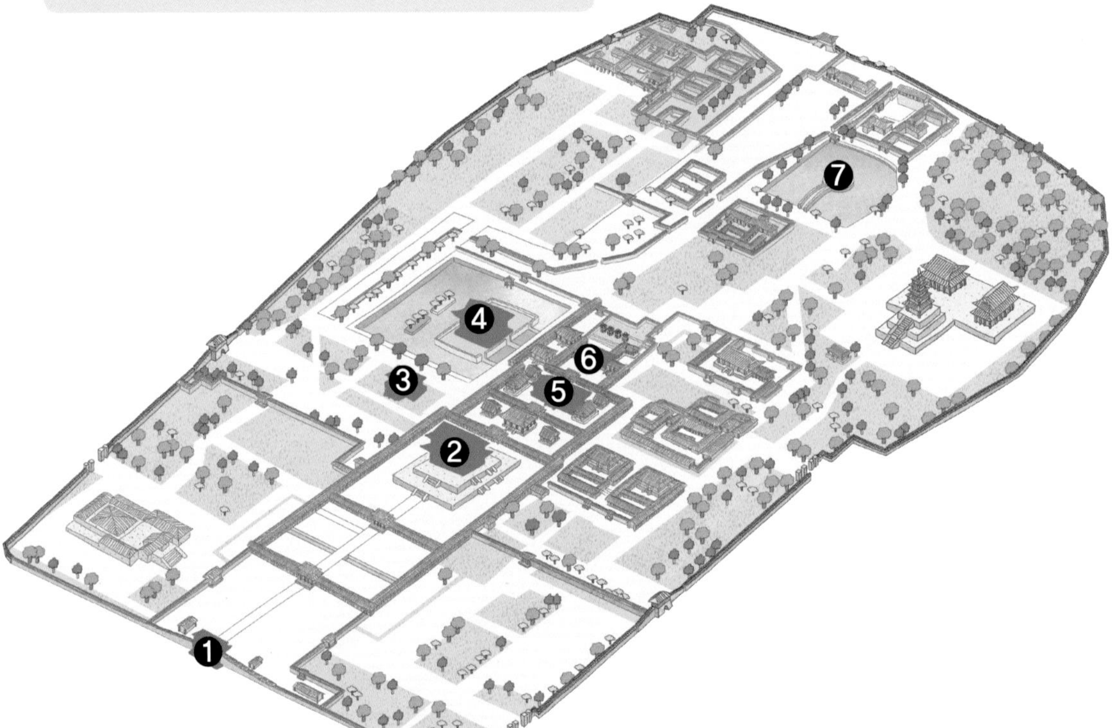

❶ (   )   ❷ (   )

❸ (   )   ❹ (   )

❺ (   )   ❻ (   )

❼ (   )

② 왕을 높이는 낱말과 그 뜻을 맞게 연결해 보세요.

얼굴 방귀 옷 식사 대변 초상화

수라 용포 용안 매화향 어진 매화

③ 왕을 상징하는 동물은 누구와 누구일까요?

( ) ( ) ( )

( ) ( ) ( )

☞ 정답은 56쪽에

나는 경복궁 박사!

④ 도전 골든벨 OX 퀴즈!

다음 질문에 O 또는 X로 답하세요.

1) 광화문 옆 해치는 본래 사헌부를 상징하는 동물이다. (　　)
2) 조선의 5개 궁궐은 경복궁, 창덕궁, 창경궁, 운현궁, 경희궁이다. (　　)
3) 궁궐 지붕의 잡상은 삼국지에 나오는 유비, 장비, 관우, 제갈량 등이다. (　　)
4) 왕의 침전은 강녕전, 왕비의 침전은 교태전, 세자의 침전은 자선당이다. (　　)
5) 경복궁은 임진왜란 때 불타 사라져 약 270년 동안 폐허였다. (　　)
6) 자경전 십장생 굴뚝은 화재 방지와 장식의 효과를 모두 갖춘 굴뚝이다. (　　)
7) 아미산은 나이 드신 대비마마를 위해 만든 계단식 화단이다. (　　)
8) 현재의 경복궁은 본래 모습에서 약 10분의 1만 남은 것이다. (　　)

맞은 개수	경복궁에 대한 나의 상식 수준
1~2개	야호! 딱 걸렸어요. 경복궁에 다시 다녀오세요.
3~4개	애걔, 경복궁에 대해 조금밖에 모르는군요.
5~6개	오호~. 그대를 어린이 궁궐지킴이로 임명합니다.
7개	음……. 혹시 전생에 왕이었나요?

⑤ 내 방의 이름을 지어 보세요.

근정전의 근정이란 말은 '천하의 일은 부지런하면 잘 다스려진다.'는 뜻이에요. 곧 나랏일을 열심히 하라는 말이지요. 이렇듯 우리나라 전통 건물에는 각각 이름을 지어 적은 현판을 붙였어요. 이것은 건물에 사는 사람이 건물에 담긴 정신을 잊지 말고 살라는 뜻이었어요. 여러분도 여러분 방이나 가족의 방에 이름을 붙여 보세요.

1.

2.

3.

4.

5.

⑥ 왕과 나의 하루를 비교해 보세요.

왕의 하루는 어땠을까요? 왕은 생각만큼 자신의 뜻대로 살지는 못했답니다.
그런 왕의 하루 일과를 살펴보고, 여러분의 하루 일과와 비교해 보세요.

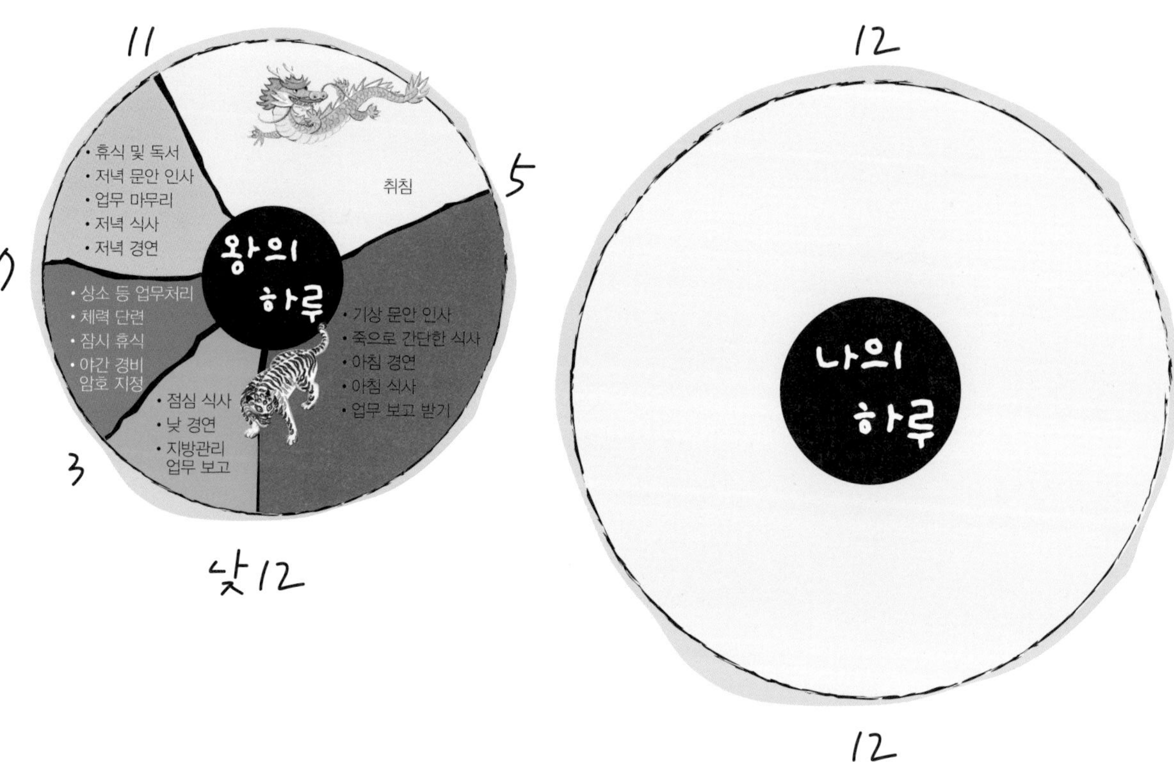

⑦ 근정전에서 찍은 사진을 붙여 보세요!

근정전에서 사진을 찍었나요? 잘 나온 사진을 골라 붙여 보세요.

☞ 정답은 56쪽에

견학 앨범 만들기!

체험학습을 다녀온 뒤 직접 찍은 사진으로 견학 앨범을 만들어 보세요. 경복궁의 모습을 오랫동안 기억할 수 있고, 간단한 소감을 곁들인다면 좋은 추억을 간직할 수도 있을 거예요. 게다가 훌륭한 과제물로 제출할 수도 있지요. 그렇다면 견학 앨범은 어떻게 해야 잘 만들까요?

주제를 정하고, 사진을 모아요!

어떤 주제로 앨범을 구성할 것인지를 미리 생각해 보세요. 재미있고 신기한 상상의 동물들로 꾸며 볼까요? 아니면 고운 단청 문양이나 아기자기한 꽃담 같은 주제로 엮어 볼까요? 혹은 아름다운 경복궁의 건물들을 중심으로 해 보는 건 어떨까요? 주제가 정해지면 그에 맞게 사진을 찍으세요. 아 참! 사진을 현상할 때는 작은 3X5 크기로 현상하는 게 좋아요. 입장권이나 안내서를 챙기는 것도 잊지 마세요.

생각과 느낌도 곁들여요.

사진만 덩그러니 있는 앨범은 현장의 모습을 그대로 담고 있기는 하지만 현장에서 느끼고 생각한 것들까지 기억하게 해 주지는 못해요. 간단한 느낌과 생각을 사진 옆에 남기는 게 어떨까요? 더욱 생생하고 현장감 있는 앨범이 된답니다. 유적지에 대한 소개는 짧게, 그리고 자신의 생각과 느낌은 풍부하게 써야 한다는 것은 알고 있지요? 특히 마지막 부분에서 체험학습에 대한 느낌을 정리해서 써 준다면 아주 훌륭한 앨범이 될 거예요.

나만의 앨범을 만들어요!

요즘 많은 친구들이 컴퓨터로 과제물을 만들지요. 그렇게 작성된 문서는 깨끗하고 보기에는 좋지만 왠지 정성이 느껴지지는 않아요. 이번에는 직접 손으로 예쁜 앨범을 꾸며 보세요. 색종이와 색연필 그리고 사인펜으로 자신만의 개성을 살린 앨범을 만들어 보는 건 어떨까요? 글씨체가 예쁘지 않다고요? 그래도 상관없어요. 정성이 중요하니까요.

나만의 창의적인 앨범 만들기

- 앨범의 주제를 정하고, 이에 맞게 사진을 찍어요.
- 사진 옆에 짧은 소개와 함께 내 생각과 느낌을 곁들여요.
- 나만의 솜씨와 정성을 발휘해서 개성 있는 앨범을 만들어요.

표지

맨 위에 과제물의 종류를 쓰면 어떤 형식으로 구성되었는지 쉽게 알 수 있어요. 제목과 표지 사진은 견학 장소를 한눈에 표현할 수 있어야 해요. 학년, 반, 번호와 이름을 빠뜨려서는 안 되겠죠!

본문 2

여러분의 손길이 묻어나는 앨범이 무엇보다 중요해요. 사진은 꼭 반듯하게 붙여야 하는 건 아니에요. 여러분의 개성을 살려서 붙여 주세요. 사진과 함께 자신의 느낌과 생각을 그때 그때 정리해 주세요. 단순하고 간단한 글이어도 좋아요. 나중에 아주 좋은 추억이 될 거예요. 색종이나 색연필, 사인펜을 활용하면 훨씬 더 예쁜 앨범을 만들 수 있어요.

본문 1

내가 간 유적지가 어떤 곳인지 간단히 설명해 주면 좋겠지요. 어떤 친구들은 자신이 체험학습을 다녀온 장소도 잘 모르더라고요. 설마 여러분 중에는 그런 친구가 없겠지요?

본문 3

중요한 국보나 보물의 경우 정보를 적어 주면 유적지에 대한 이해가 훨씬 쉽고, 더 잘 기억할 수 있겠지요.

결론

끝에는 견학의 전체적인 느낌을 정리해 보는 게 어떨까요? 대부분의 친구들은 앨범이라고 하면 사진만 정리해서 붙이고 말아요. 하지만 그건 누구나 할 수 있는 일이지요. 그리고 그런 앨범은 재미가 없어요. 이렇게 자신만의 느낌을 덧붙이면 훨씬 알찬 앨범이 되겠지요?

정답

여기서 잠깐!

14쪽

18쪽 4마리

23쪽 ❶뱀 ❷호랑이

현장 활동 또 하나!

❶개 ❷돼지

33쪽 현장 활동 하나!

(7개)

현장 활동 둘!

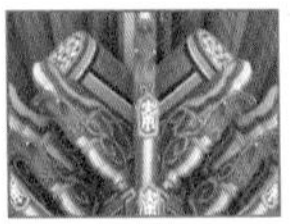

(부시)

(잡상)

(삼지창)

37쪽 현장 활동 하나!

(대비마마가 편안하고 건강하게 오래 사시길 바라는 마음)

현장 활동 둘!

❶ 굴뚝 양옆

39쪽

바로 이곳이 화장실이에요.
비현각 이모문 남쪽 행랑에 있어요.
한번 안을 들여다보세요.

나는 경복궁 박사!

❶ 빈칸을 채워 보세요.

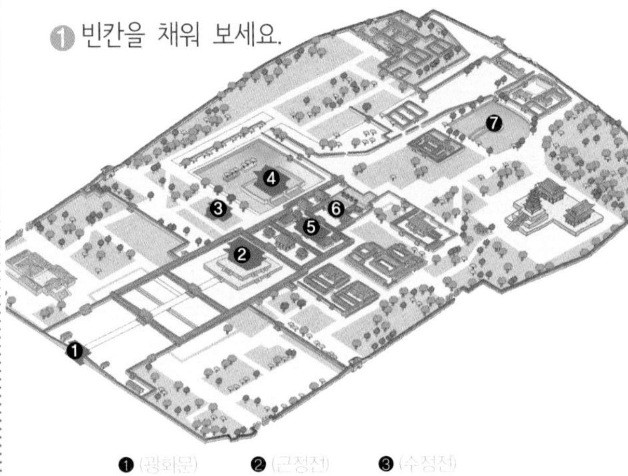

❶ (광화문) ❷ (근정전) ❸ (수정전)

❹ (경회루) ❺ (강녕전) ❻ (교태전)

❼ (향원정)

❷ 왕을 높이는 낱말과 그 뜻이 맞게 연결해 보세요.

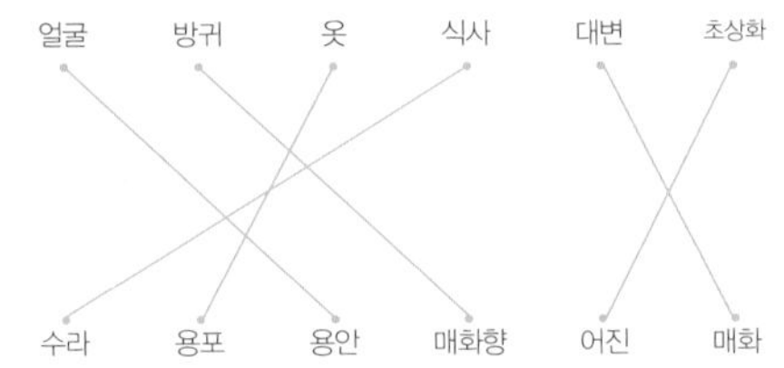

❸ 왕을 상징하는 동물은 누구와 누구일까요?

❹ 도전 골든벨 OX 퀴즈!

다음 질문에 O 또는 X로 답하세요.

1) 광화문 옆 해치상은 본래 사헌부를 상징하는 동물이다. (O)
2) 조선의 5개 궁궐은 경복궁, 창덕궁, 창경궁, 운현궁, 경희궁이다. (X)
3) 궁궐 지붕의 잡상은 삼국지에 나오는 유비, 장비, 관우, 제갈량 등이다. (X)
4) 왕의 침전은 강녕전, 왕비의 침전은 교태전, 세자의 침전은 자선당이다. (O)
5) 경복궁은 임진왜란 때 불타 사라져 약 270년 동안 폐허였다. (O)
6) 자경전 십장생 굴뚝은 화재 방지와 장식의 효과를 모두 갖춘 굴뚝이다. (O)
7) 아미산은 나이 드신 대비마마를 위해 만든 계단식 화단이다. (X)
8) 현재의 경복궁은 본래 모습에서 약 10분의 1만 남은 것이다. (O)

초등학교 교과서와 관련된 학년별 현장 체험학습 추천 장소

1학년 1학기 (21곳)	1학년 2학기 (18곳)	2학년 1학기 (21곳)	2학년 2학기 (25곳)	3학년 1학기 (31곳)	3학년 2학기 (37곳)
철도박물관	농촌 체험	소방서와 경찰서	소방서와 경찰서	경희대자연사박물관	IT월드(과천정보나라)
소방서와 경찰서	광릉	서울대공원 동물원	서울대공원 동물원	광릉수목원	강원도
시민안전체험관	홍릉 산림과학관	농촌 체험	강릉단오제	국립민속박물관	경희대자연사박물관
천마산	소방서와 경찰서	천마산	천마산	국립서울과학관	광릉수목원
서울대공원 동물원	월드컵공원	남산골 한옥마을	월드컵공원	국립중앙박물관	국립경주박물관
농촌 체험	시민안전체험관	한국민속촌	남산골 한옥마을	기상청	국립고궁박물관
코엑스 아쿠아리움	서울대공원 동물원	국립서울과학관	한국민속촌	서대문자연사박물관	국립국악박물관
선유도공원	우포늪	서울숲	농촌 체험	선유도공원	국립부여박물관
양재천	철새	갯벌	서울숲	시장 체험	국립서울과학관
한강	코엑스 아쿠아리움	양재천	양재천	신문박물관	남산
에버랜드	짚풀생활사박물관	동굴	선유도공원	경상북도	남산골 한옥마을
서울숲	국악박물관	고성 공룡박물관	불국사와 석굴암	양재천	롯데월드 민속박물관
갯벌	천문대	코엑스 아쿠아리움	국립중앙박물관	경기도	국립민속박물관
고성 공룡박물관	자연생태박물관	옹기민속박물관	국립민속박물관	이화여대자연사박물관	삼성어린이박물관
서대문자연사박물관	세종문화회관	기상청	전쟁기념관	전쟁기념관	서대문자연사박물관
옹기민속박물관	예술의 전당	시장 체험	판소리	천마산	선유도공원
어린이 교통공원	어린이대공원	에버랜드	DMZ	한강	소방서와 경찰서
어린이 도서관	서울놀이마당	경복궁	시장 체험	화폐금융박물관	시민안전체험관
서울대공원		강릉단오제	광릉	호림박물관	경상북도
남산자연공원		몽촌역사관	홍릉 산림과학관	홍릉 산림과학관	월드컵공원
삼성어린이박물관		국립현대미술관	국립현충원	우포늪	육군사관학교
			국립4·19묘지	소나무 극장	해군사관학교
			지구촌민속박물관	예지원	공군사관학교
			우정박물관	자운서원	철도박물관
			한국통신박물관	서울타워	이화여대자연사박물관
				국립중앙과학관	제주도
				엑스포과학공원	천마산
				올림픽공원	천문대
				전라남도	태백석탄박물관
				경상남도	판소리박물관
				허준박물관	한국민속촌
					임진각
					오두산 통일전망대
					한국천문연구원
					종이미술박물관
					짚풀생활사박물관
					토탈야외미술관

4학년 1학기 (34곳)	4학년 2학기 (56곳)	5학년 1학기 (35곳)	5학년 2학기 (51곳)	6학년 1학기 (36곳)	6학년 2학기 (39곳)
강화도	IT월드(과천정보나라)	갯벌	IT월드(과천정보나라)	경기도박물관	IT월드(과천정보나라)
갯벌	강화도	광릉수목원	강원도	경복궁	KBS 방송국
경희대자연사박물관	경기도박물관	국립민속박물관	경기도박물관	덕수궁과 정동	경기도박물관
광릉수목원	경복궁 / 경상북도	국립중앙박물관	경복궁	경상북도	경복궁
국립서울과학관	경주역사유적지구	기상청	덕수궁과 정동	고성 공룡박물관	경희대자연사박물관
기상청	경희대자연사박물관	남산골 한옥마을	경상북도	국립민속박물관	광릉수목원
농촌 체험	고창, 화순, 강화 고인돌유적	농업박물관	경희대자연사박물관	국립서울과학관	국립민속박물관
서대문자연사박물관	전라북도	농촌 체험	고인쇄박물관	국립중앙박물관	국립중앙박물관
서대문형무소역사관	고성 공룡박물관	서울국립과학관	충청도	농업박물관	국회의사당
서울역사박물관	충청도	서울대공원 동물원	광릉수목원	롯데월드 민속박물관	기상청
소방서와 경찰서	국립경주박물관	서울숲	국립공주박물관	몽촌토성과 풍납토성	남산
수원화성	국립민속박물관	서울시청	국립경주박물관	민주화현장	남산골 한옥마을
시장 체험	국립부여박물관	서울역사박물관	국립고궁박물관	백범기념관	대법원
경상북도	국립서울과학관	시민안전체험관	국립민속박물관	서대문자연사박물관	대학로
양재천	국립중앙박물관	경상북도	국립서울과학관	서대문형무소 역사관	민주화 현장
옹기민속박물관	국립국악박물관 / 남산	양재천	국립중앙박물관	서울역사박물관	백범기념관
월드컵공원	남산골 한옥마을	강원도	남산골 한옥마을	조선의 왕릉	아인스월드
철도박물관	농업박물관 / 대법원	월드컵공원	농업박물관	성균관	서대문자연사박물관
이화여대자연사박물관	대학로	유명산	롯데월드 민속박물관	시민안전체험관	국립서울과학관
천마산	롯데월드 민속박물관	제주도	충청도	경상북도	서울숲
천문대	몽촌토성과 풍납토성	짚풀생활사박물관	서대문자연사박물관	암사동 선사주거지	신문박물관
철새	불국사와 석굴암	천마산	성균관	운현궁과 인사동	양재천
홍릉 산림과학관	서대문자연사박물관	한강	세종대왕기념관	전쟁기념관	월드컵공원
화폐금융박물관	서울대공원 동물원	한국민속촌	수원화성	천문대	육군사관학교
선유도공원	서울숲	호림박물관	시민안전체험관	철새	이화여대자연사박물관
독립공원	서울역사박물관	홍릉 산림과학관	시장 체험 / 신문박물관	청계천	중남미박물관
탑골공원	조선의 왕릉	하회마을	경기도	짚풀생활사박물관	짚풀생활사박물관
신문박물관	세종대왕기념관	대법원	강원도	태백석탄박물관	창덕궁
서울시의회	수원화성	김치박물관	경상북도	해인사 고려대장경과 장경판전	천문대
선거관리위원회	승정원 일기 / 양재천	난지하수처리사업소	옹기민속박물관	호림박물관	우포늪
소양댐	옹기민속박물관	농촌, 어촌, 산촌 마을	운현궁과 인사동	유니세프 한국위원회	판소리박물관
서남하수처리사업소	월드컵공원	들꽃수목원	육군사관학교	무령왕릉	한강
중랑구재활용센터	육군사관학교	정보나라	이화여대자연사박물관	현충사	홍릉 산림과학관
중랑하수처리사업소	철도박물관	드림랜드	전라북도	덕포진교육박물관	화폐금융박물관
	이화여대자연사박물관	국립극장	전쟁박물관	서울대학교 의학박물관	훈민정음
	조선왕조실록 / 종묘		창경궁 / 천마산	상수허브랜드	상수도연구소
	종묘제례		천문대		한국자원공사
	창경궁 / 창덕궁		태백석탄박물관		동대문소방서
	천문대 / 청계천		한강		중앙119구조대
	태백석탄박물관		한국민속촌		
	판소리 / 한강		해인사 고려대장경과 장경판전		
	한국민속촌		화폐금융박물관		
	해인사 고려대장경과 장경판전		중남미문화원		
	호림박물관		첨성대		
	화폐금융박물관		절두산순교성지		
	훈민정음		천도교 중앙대교당		
	온양민속박물관		한국에너지기술연구원		
	아인스월드		한국자수박물관		
			초전섬유퀼트박물관		

숙제를 돕는 사진

근정전

해치

십장생 굴뚝

경회루

교태전 꽃담

자선당

숙제를 돕는 사진

향원정

정

황룡
불가사리
봉황
기린
청룡
주작
현무
백호

품계석